PARTI COMMUNISTE
(Section française de l'Internationale Communiste)

CONGRÈS NATIONAL DE PARIS
(15-18 OCTOBRE 1922)

RAPPORT MORAL
DU SECRÉTARIAT GÉNÉRAL

Présenté au 20e Congrès National

(2e Congrès du Parti Communiste)

LA COOTYPOGRAPHIE

Société Ouvrière d'Imprimerie, 11, rue de Metz, Courbevoie

1922

 **PARTI COMMUNISTE** 
(Section Française de l'Internationale Communiste)

CONGRÈS NATIONAL DE PARIS
(15-18 OCTOBRE 1922)

L'ACTION COMMUNISTE ET LA CRISE DU PARTI

Rapport du Secrétariat Général
Présenté au 20ᵉ Congrès National
(2ᵉ Congrès du Parti Communiste)

LA COOTYPOGRAPHIE
Société Ouvrière d'Imprimerie, 11, rue de Metz, Courbevoie

1922

16 L 53
18608
II, 4

CONGRÈS NATIONAL DE PARIS

(15-18 Octobre 1922)

RAPPORT MORAL

CHAPITRE PREMIER

1) L'Action générale du Parti

Nous ne reviendrons pas, dans ce rapport, sur les incidents qui se sont produits au cours de la dernière séance du Congrès de Marseille. Ils ont eu pour conséquence de modifier sensiblement la constitution des organismes centraux du Parti. Lorsqu'à Marseille même, le Comité Directeur procéda à son installation définitive, il se composait des camarades suivants :

BARABANT, Marthe BIGOT, Jules BLANC, Louise BODIN, BOUET, BRODEL, CACHIN, CARTIER, DONDICOL, Ferdinand FAURE, FROSSARD, GARCHERY, GOURDEAUX, RENAUD JEAN, KER, Lucie LEICIAGUE, Georges LÉVI, Victor MÉRIC, PAUL-LOUIS, RAPPOPORT, Daniel RENOULT, SOUTIF, TOMMASI et VERFEUIL, *titulaires;*

AUCLAIR, BESTEL, Lucie COLLIARD, DORMOY, PHILIPPE, Georges PIOCH et SERVANTIER, *suppléants.*

Le citoyen Bouet, non acceptant, fut remplacé par le citoyen Bouthonnier; le citoyen Brodel, démissionnaire, par le citoyen Paquereaux; le citoyen Souvarine, également démissionnaire, par le citoyen Hattenberger.

En même temps qu'il procédait à son installation, le Comité Directeur, par un vote unanime, désignait comme suit les titulaires des diverses fonctions du bureau politique du Parti :

Secrétaire général : FROSSARD.

Secrétaire international : KER.

Secrétaire administratif : SOUTIF.

Secrétaire féminin : Marthe BIGOT.

Trésorier : DONDICOL.

Il réélisait Marcel Cachin dans ses fonctions de Directeur de l'*Humanité;* Daniel Renoult dans celles de Directeur de l'*Internationale;* Boris Souvarine avec Dunois comme suppléant dans celles de Directeur du *Bulletin Communiste;* Renaud Jean dans celles de Directeur de la *Voix Paysanne.* Il confirmait dans leurs fonctions de délégués permanents à la propagande les citoyens Treint, Lucie Colliard, Bouthonnier et Vernochet.

Il composait ainsi ses cinq sous-commissions :

1° Sous-commission de la politique générale : *Frossard, secrétaire; Marthe Bigot; Paul-Louis; Lévy et Renoult.*

2° Sous-commission des relations internationales : *Ker, secrétaire; Lucie Leiciague; Rappoport et Verfeuil.*

3° Sous-commission d'administration et de propagande : *Soutif, secrétaire; Garchery; Pioch; Barabant; M. Bigot; Cachin; Rappoport; Dormoy; R. Jean; Auclair et Paquereaux.*

4° Sous-commission des finances : *Dondicol, secrétaire; Gourdeaux; Cartier et Servantier.*

5° Sous-commission chargée de l'examen des questions d'ordre syndical : *Tommasi, secrétaire; Dondicol, Gourdeaux, Bestel, Lucie Colliard et Servantier.*

Enfin, il confirmait le citoyen Boris Souvarine dans sa délégation à l'Exécutif de l'Internationale Communiste.

Désireux d'assurer dans l'action le maximum d'unité communiste, le Comité Directeur prenait à l'unanimité et portait à la connaissance du Parti, un ordre du jour dont nous reproduisons ici la teneur :

Le Comité Directeur, assuré d'interpréter les sentiments unanimes du Parti, déclare, contrairement à certaines affirmations, que le Congrès de Marseille a fidèlement poursuivi l'œuvre du Congrès de Tours.

Le Parti communiste français, légitimement fier des premiers résultats obtenus pendant un an, entend continuer avec plus d'énergie que jamais l'organisation et l'action révolutionnaires.

Tout opportunisme, tout réformisme sont bannis de ses préoccupations. Le Comité Directeur déclare qu'on ne pourrait, sans manquer à la vérité, prétendre qu'il existe dans le Parti une tendance politique qui mérite d'être légitimement accusée d'un moindre dévouement à la cause communiste.

Il affirme sa solidarité absolue avec l'Internationale de Moscou. Il revendique comme siens les principes révolutionnaires qu'elle a proclamés dans ses Congrès.

C'est à la lumière de ces principes qu'il dirigera son action dans le sens de la lutte de classe poursuivie sans compromissions à travers la complexité des événements politiques et économiques.

Le Comité Directeur tient à rappeler que le Congrès de Marseille, par une résolution de presque unanimité, a proclamé « que les polémiques personnelles doivent être bannies de la grande famille communiste ». Il assurera, avec fermeté, le respect de cette décision. Il compte sur la bonne volonté et l'esprit de discipline de tous les camarades pour faciliter sa tâche. Il les invite à assurer, par une collaboration fraternelle avec lui, la rapide et complète mise en œuvre des résolutions du Congrès de Marseille.

2) Le Parti et le front unique

Les Thèses de l'Exécutif sur l'unité du front prolétarien avaient été connues trop tardivement par le Parti pour faire au Congrès de Marseille l'objet d'un débat approfondi. Le C. D. les examina dans sa séance du 17 janvier. A l'unanimité moins l'abstention de Rappoport, il adopta un ordre dont voici le texte :

Le Comité Directeur estime que l'application de la tactique du front unique est impossible dans notre pays, en ce qui touche l'accord avec les états-majors dissidents et majoritaires confédéraux.

Il estime qu'elle présente pour l'Internationale des dangers certains contre lesquels des garanties devront être prises.

Il donne mandat en ce sens à ses délégués à la Conférence internationale de février. Il les charge en outre de demander l'inscription de cette question à l'ordre du jour du quatrième Congrès mondial.

En même temps, le Comité Directeur convoqua à Paris pour le dimanche 22 janvier, en vue de mandater ses délégués à la réunion de l'Exécutif élargi de Moscou, une conférence des secrétaires des fédérations. Il s'agissait de procéder à un échange de vues sur la question du front unique.

La conférence réunit la presque totalité des fédérations. Après avoir entendu les camarades Frossard et Rappoport, elle appela successivement à formuler un bref exposé de leur point de vue, les secrétaires fédéraux. La grosse majorité d'entre eux, sans avoir d'ailleurs reçu de mandat formel de leurs organisations, se déclara contre l'application du front unique : sur 58 fédérations qui se sont prononcées d'une façon précise, 46 furent hostiles à l'unité de front; 12 au contraire se montrèrent disposées à accepter le front unique.

La conférence se termina sur une intervention de Loriot, favorable au front unique, et de Cachin hostile. Il en résultait, de toute évidence, que l'ordre du jour du Comité Directeur exprimait exactement sur cette question, depuis si controversée, l'opinion de l'ensemble du Parti. C'est en ce sens, par conséquent, que furent mandatés les délégués du Parti à la Conférence de Moscou de février, les citoyens Cachin, Renoult, Louis Sellier, Métayer. A cette délégation, le citoyen Treint fut adjoint au titre de représentant de la minorité. Le citoyen Ker, secrétaire international, était déjà parti pour Moscou, où il devait également participer aux travaux de la conférence.

La question du front unique est depuis revenue devant le Parti. On trouvera dans ce rapport, au chapitre où est résumée l'activité internationale du Parti, les résolutions 'de la conférence de l'Exécutif de février et leur développement ultérieur. Il nous reste à rappeler les débats du Conseil National d'avril qui lui furent consacrés à peu près exclusivement à Aubervilliers, les 23 et 24 avril, où, avec une gravité sérieuse et un vif désir de sauvegarder à la fois l'avenir du Parti et la discipline internationale, la question du front unique fournit une fois de plus la matière d'une discussion animée. Il conclut par un vote de résolution dont nous donnons ci-dessous l'essentiel :

Le Conseil National déclare que les principes purement révolutionnaires, sur lesquels fut fondée l'Internationale Communiste par les trois premiers congrès mondiaux, doivent être considérés comme intangibles. Toute atteinte à ces principes ferait disparaître la raison d'être du communisme international. Mais il constate que les conditions nouvelles d'action résultant de la situation politique et économique peuvent justifier pour les Partis Communistes certaines modifications de tactique qui ne doivent pas atteindre ces principes fondamentaux. Il renouvelle donc son acceptation des mots d'ordre du troisième Congrès de l'Internationale Communiste, et il considère, conformément à la tradition constante du mouvement ouvrier, qu'il est de son devoir d'aller aux masses en leur proposant des buts concrets.

Mais il rappelle que l'Internationale ne pourrait sans péril paraître disposée à abandonner pour ces actions partielles son action générale révolutionnaire. Plus que jamais, dans la situation actuelle, le communisme doit montrer, à chaque occasion, que les conquêtes partielles, même celles qui sont capables d'aider réellement les travailleurs dans leur lutte, ne doivent pas faire oublier à ceux-ci qu'il n'y aura libération, pour le prolétariat, que par la prise du pouvoir. Le Parti Communiste Français s'opposera toujours à la renaissance, sous d'autres noms et avec d'autres formules, du réformisme et de l'opportunisme, condamnés par l'Internationale.

. . . .

Le Parti a fait à la tactique du front unique des objections exclusivement inspirées par son souci de maintenir l'intransigeance et l'indépendance du mouvement communiste international.

. . . .

Il s'oppose, en principe, conformément à la déclaration de Marseille, aux accords avec les états-majors des socialistes ou syndicalistes-réformistes. Il déplore les expériences de collaboration parlementaire avec les social-démocrates qui sont tentées en divers pays par les Partis Communistes. Il repousse les projets de participation ministérielle qui ont été préconisés comme application de la tactique du front unique.

Le Conseil National prend acte des résolutions du Comité Exécutif élargi, mais il considère que, seule, la décision souveraine du IV° Congrès mondial pourra trancher définitivement la question avec l'autorité nécessaire.

Le Conseil National affirme que, réserve faite des droits du Parti et de l'Internationale, il est nécessaire de maintenir le principe de la discipline. C'est dans cet esprit que le Comité Directeur a autorisé le camarade Frossard à se rendre à la Conférence de Berlin. C'est dans cet esprit que le Comité Directeur avait examiné les résolutions de cette conférence. Le Conseil National croit devoir signaler d'abord à l'Exécutif de Moscou le danger de l'institution, décidée à Berlin, du Comité des Neuf, qui établit un lien organique entre les trois Internationales politiques, institution que l'Exécutif vient de ratifier.

. . . .

Le Parti joindra donc son appel à celui de la C. G. T. U. pour donner à la journée du 1er mai le caractère d'une imposante manifestation de classe en faveur du programme des revendications immédiates qui est commun aux organisations syndicales et aux organisations communistes, et au premier plan duquel il place la reprise des relations politiques avec la République des Soviets et la lutte contre la réaction mondiale.

Une telle démonstration n'exclut aucun concours prolétarien, mais le Parti Communiste doit la préparer et travailler à son succès par l'effort autonome de sa presse, de ses propagandistes, de l'ensemble de ses militants.

Cette résolution fut adoptée par 3.337 mandats contre 627 à une motion Treint, 235 abstentions, 355 absences. Nous croyons devoir également reproduire les parties principales de la motion Treint. Les voici :

Le Conseil National regrette que la déformation des thèses de l'Exécutif sur le front unique dans la grande presse du Parti, n'ait pas permis aux sections et aux fédérations d'avoir une base exacte permettant d'utiles discussions. Il regrette également que le Comité Directeur n'ait pas mis à la disposition du Parti les informations relatives aux applications du front unique dans diverses sections de l'Internationale Communiste, ce qui aurait permis à chacun de se rendre compte par des faits de la valeur de la tactique proposée.

. . . .

D'autre part, d'après l'article 5 des statuts de l'Internationale Communiste, ainsi libellé : « Le Congrès International élit un Comité exécutif de l'Internationale Communiste, qui devient l'instance suprême de l'Internationale Communiste durant les intervalles qui séparent les sessions du Congrès mondial », les décisions de ce Comité sont immédiatement applicables par les sections nationales. Ces dispositions ont été acceptées sans réserve par le Congrès de Tours.

Dans ces conditions, le seul objet du Conseil National ne peut être que de décider des modalités d'application de la tactique du front unique en France.

En ce qui concerne la Conférence des trois Internationales, le Conseil National regrette que le Comité Directeur n'ait pas pris l'initiative des mesures d'application des décisions de Berlin, laissant ainsi à d'autres organisations le bénéfice de cette initiative.

Le Conseil National décide d'adresser d'urgence à toutes les organisations se réclamant de la classe ouvrière et à tous les travailleurs, un appel en vue de participer aux démonstrations organisées par la C. G. T. U. pour le 1er Mai.

. . . .

Le Conseil National, constatant que le Comité exécutif de l'Internationale Communiste a ratifié les décisions de Berlin, invite le Comité Directeur à se conformer aux dispositions prescrites pour la prochaine réunion de la Commission des Neuf.

Le Conseil National rejette toute disposition qui, en contradiction avec les engagements pris par le secrétaire général de la section française à Berlin, fournirait à d'autres organisations nationales et internationales, par l'inobservation de ces engagements, un prétexte pour se dérober à l'exécution des résolutions prises en commun et pour en rejeter la responsabilité sur l'Internationale Communiste responsable de sa section française.

. . . .

A l'instant où, disciplinés dans l'Internationale Communiste, le Parti Communiste français doit commencer à appliquer la tactique du front unique, le Conseil National proclame la nécessité d'écarter de son sein toute influence anticommuniste et de combattre sans indulgence toute tendance s'efforçant d'utiliser la tactique du front unique pour retourner à l'unité d'organisation avec les dissidents.

Le Conseil National avait à son ordre du jour la question posée par l'Exécutif élargi de février et la réintégration des démissionnaires de Marseille. Le Conseil National consulté décida de procéder au vote sans discussion sur cette question. Le vote donna les résultats suivants :

Pour les réintégrations (proposé par le C. D.), 2.497 mandats; contre, 1.068; abstentions, 600; absences, 400.

En conséquence de ce vote, les citoyens Loriot, Vaillant-Couturier, Treint, Dunois furent réintégrés dans leurs fonctions de membre du Comité Directeur du Parti. Le citoyen Loriot, pour des raisons de santé, déclina le mandat qui lui était confié.

3) Le Parti Communiste et la Réaction

Pendant tout le cours de l'année, le Parti communiste a mené contre la réaction une lutte vigoureuse et méthodique. L'année s'ouvrait à peine que le ministère Briand faisait place au ministère Poincaré. Le retour au pouvoir de l'homme néfaste qui porte dans les origines de la guerre une si lourde part de responsabilités, ne pouvait manquer de soulever la protestation indignée du Parti. Son organe central, l'*Humanité*, entreprit immédiatement une campagne ardente et qui ne s'est point démentie. Le jour même de la constitution du nouveau gouvernement, le Comité Directeur prenait, à l'unanimité, l'ordre du jour suivant :

Le Comité Directeur du Parti Communiste relève comme un défi le retour aux affaires de M. Poincaré. Du gouvernement que préside l'un des principaux responsables de la guerre impérialiste — de ses origines et de sa prolongation — la classe ouvrière et paysanne ne peut attendre qu'une politique de réaction à l'intérieur et d'agression permanente dans le domaine international.

Le Parti Communiste, résolument hostile d'ailleurs, par principe, à tout gouvernement bourgeois quel qu'il soit, se dresse de toutes ses forces, au nom de la sécurité du monde mise en grave péril, contre le ministère Poincaré et la majorité du Bloc national dont il exprime, sous la forme la plus brutale, l'esprit de conservation sociale et d'impérialisme.

Il sait qu'avec M. Poincaré à sa tête, le pays doit s'attendre au pire. Le Parti Communiste suivra les événements avec une vigilance accrue. Dès maintenant, entre le gouvernement de la guerre et lui, la lutte est engagée. Il la mènera à fond, avec tous les moyens dont il dispose. Il est prêt à faire face à toutes les éventualités et il compte sur ses militants, comme sur l'ensemble des prolétaires menacés dans leurs droits et dans leur existence, pour qu'à ses appels réponde une action de masses, vigoureuse et décisive.

La Fédération de la Seine, dans un manifeste intitulé « Poincaré en Haute-Cour », flétrissait, en termes véhéments, le régime du Bloc National que l'avènement à la présidence du Conseil de M. Poincaré semblait devoir couronner.

Le discours provocateur de Bar-le-Duc fournissait au Parti l'occasion d'une agitation intense contre les dangers de guerre. Dans les manifestations organisées par les groupements d'avant-garde, le Parti a pris une place importante et, comme il convient, au premier rang le 17 mai, il répondait à l'appel de la C. G. T. U. et se déclarait prêt à appuyer de toutes ses forces son action. Le Comité Directeur adoptait, quelques jours après la motion ci-dessous :

Le Comité Directeur, rappelant sa participation utile à la manifestation organisée par l'Union des Syndicats de la Seine et la C. G. T. U., à Saint-Ouen, décide de multiplier ses efforts pour collaborer avec la C. G. T. U. et les autres organisations révolutionnaires en vue d'intensifier l'action contre la guerre.

En conséquence, il donne mandat aux journaux du Parti de continuer et de faire plus active encore la campagne communiste contre la politique impérialiste du Bloc national et ses dangers.

Il décide qu'un manifeste du Parti sera rédigé et envoyé aux fédérations, qui le feront acclamer dans les Assemblées populaires qu'il conviendrait de réunir en commun avec la C. G. T. U.

Il considère, en outre, qu'une nouvelle démonstration de masse des travailleurs de la capitale doit être organisée d'accord avec les syndicats révolutionnaires avant la fin du mois.

Il invite, d'autre part, le groupe parlementaire, dès la rentrée des Chambres, à mettre en accusation, du haut de la tribune, le ministère Poincaré.

On peut dire que le Comité Directeur et le Parti ont suivi avec une attention vigilante le développement de la politique impérialiste de M. Poincaré et qu'ils se sont efforcés d'en prévenir les dangers. Au moment où nous mettons ce rapport sous presse, une conférence communiste franco-allemande se tient à Cologne. Elle est due à notre initiative. Nous comptons qu'elle va arrêter dans ses grandes lignes la campagne dont les événements récents mettent en relief le caractère d'urgence : *contre le Traité de Versailles.*

La réaction à l'extérieur s'est accompagnée d'une réaction semblable à l'intérieur. Le Gouvernement a tenté par tous les moyens d'abattre le Parti. Les fonctionnaires communistes ont été inquiétés, poursuivis, frappés disciplinairement. Nombreux sont les déplacements d'office; nombreuses les révocations. Les poursuites judiciaires elles-mêmes n'ont pas chômé.

On connaît les plus récentes qui ont conduit, pour la publication du *Conscrit*, nos amis Cachin, Péri et Vaillant-Couturier sur les bancs de la Correctionnelle. Nous devons une mention spéciale à nos camarades des fédérations d'outre-mer sur lesquels s'est exercé, avec une particulière violence, l'arbitraire du pouvoir.

En Tunisie, le crime de « complot contre la sûreté de l'Etat » a été invoqué par la résidence générale pour porter un coup décisif aux progrès du Communisme. Des camarades indigènes et européens ont subi des détentions arbitraires, des condamnations iniques dont la plus lourde a frappé notre ami Louzon, l'âme du mouvement, qui, par un nouveau défi — à peine libéré — a été expulsé de Tunisie.

En Algérie, mêmes persécutions odieuses, même justice servile aux ordres d'un pouvoir prêt à tout. Nos fédérations ont résisté. Dissoute, celle de Tunisie a été reconstituée par notre ami André Berthon, spécialement mandaté par le Comité Directeur.

En général, la résistance aux menées sans cesse plus odieuses de la réaction sous toutes ses formes, a été énergique. Elle doit prendre un développement nouveau que lui permettra sans doute la constitution récente, d'accord avec la C. G. T. U., d'un cartel qui a pour objet la défense des droits des fonctionnaires et en général des libertés publiques.

Dans le même ordre d'idées, la campagne en faveur de l'amnistie a pris la première place dans les préoccupations du Parti, en vue d'arracher les marins de la mer Noire aux prisons de la République. Le Parti, l'an dernier, avait fait élire au Conseil municipal de Paris par les quartiers de Charonne et de la Santé, André Marty et Louis Badina. Invalidés, leurs candidatures furent posées à nouveau. Le 26 mars, Marty était réélu à Charonne par 4.456 voix contre 1.778. Badina était réélu à la Santé, dès le premier tour cette fois, par 941 voix contre 818 à l'ensemble de ses concurrents. Aux élections cantonales dans toute la France, la candidature de protestation de Marty et de Badina recueillait un nombre considérable de suffrages. Marty était élu par son département d'origine conseiller général et conseiller d'arrondissement. Le marin de la mer Noire Rolland enlevait de haute lutte un siège de conseiller général au Havre. Le marin de la mer Noire Alquier l'emportait dans les mêmes conditions à Toulon et le marin de la mer Noire Wallet à Vierzon. Un mouvement irrésistible semblait devoir briser les résistances du Bloc. Après deux votes successifs du Sénat et de la Chambre, le Gouvernement se décidait enfin à libérer les marins de la mer Noire; mais, obéissant aux suggestions des royalistes d'*Action Française*, il faisait une exception scandaleuse pour André Marty. Dans ces conditions, le devoir du Parti Communiste était de reprendre immédiatement sa campagne. Il n'y a pas manqué. Voici un extrait du manifeste par lequel le Comité Directeur portait à la connaissance du pays sa protestation :

André Marty, conseiller municipal de Paris, conseiller général de la Seine, conseiller général des Pyrénées-Orientales, va donc continuer de subir à la Centrale de Clairvaux l'odieux régime des détenus de droit commun.

Le pays est-il tombé si bas que les gens du roi qui portent déjà la responsabilité de l'assassinat de Jaurès puissent y commander en maîtres, grâce à la lâche complicité des républicains traîtres à la République!

Le Parti Communiste, tout en enregistrant comme un premier résultat des persévérants efforts du prolétariat révolutionnaire, la libération des compagnons de captivité d'André Marty, constate sans étonnement que le gouvernement vient de soumettre à la signature du Président de la République un mouvement de grâce en faveur des mercantis qui affament les travailleurs. Il rappelle que les assassins de Flirey, de Vingré, de Souain continuent à jouir de la plus totale impunité. Toute l'infamie du régime est dans ce rapprochement : les mercantis amnistiés, les assassins préhendés, André Marty encellulé.

Le Parti Communiste reprend avec une vigueur accrue par l'indignation légitime que partageront avec lui les hommes de cœur, sa campagne pour la large amnistie qui rendra à sa famille et à sa classe André Marty, et qui libérera de toutes les geôles toutes les autres victimes d'une justice impitoyable aux petits et indulgente aux puissants.

Il invite toutes ses fédérations et toutes ses sections à faire l'agitation la plus intense pour que ce résultat soit arraché de haute lutte dans le plus bref délai.

Le Parti mènera la campagne jusqu'à ce que soit enlevée de haute lutte l'amnistie pleine et entière. Déjà il a fait connaître son intention de présenter dans le quartier de la Santé, pour remplacer Badina, son glorieux et malheureux frère d'armes André Marty :

Le Conseil d'Etat a invalidé l'élection de notre camarade Louis Badina, dans le quartier de la Santé. L'invalidation, comme il fallait s'y attendre, suit à quarante-huit heures d'intervalle, la grâce amnistiante. Le gouvernement a peur que Badina, réintégré dans tous ses droits, vienne revendiquer son titre et ses prérogatives d'élu de Paris à l'Hôtel de Ville. Peu importe au demeurant, puisque notre glorieux ami est libre désormais. Le but que le Parti s'était proposé en posant sa candidature et en assurant, à deux reprises, son succès, est atteint. Mais si Badina est amnistié, André Marty reste en prison. A l'élection prochaine de la Santé, le Parti Communiste pose dès aujourd'hui la candidature de l'emmuré de Clairvaux. Il est, depuis un an, l'élu de Charonne : il sera, en outre, celui de la Santé.

En même temps que la libération de Marty, il réclame la libération de Cottin, de Goldski et de toutes les victimes de la répression bourgeoise. Il faudra bien que satisfaction lui soit donnée.

Signalons enfin que, pour protester contre les brimades dont sont l'objet les fonctionnaires communistes, le 26 mars, a été posée, dans le quartier des Enfants-Rouges, la candidature de Marthe Bigot, institutrice révoquée. Dans ce quartier essentiellement petit-bourgeois, Marthe Bigot recueillit 352 voix au premier tour et 369 au second. C'est un résultat particulièrement honorable.

La place nous manque pour faire le compte rendu des différents scrutins partiels auxquels le Parti, drapeau déployé, a participé. Dans l'ensemble, ils ont attesté l'influence qu'exerce le communisme sur l'élite de la classe ouvrière, ils ont également permis de mesurer le discrédit croissant de la politique et des hommes du Bloc National.

4) Le Recrutement du Parti

Nous devons signaler au Parti le fléchissement inquiétant de son recrutement.

Au 31 juillet dernier, le Parti avait délivré aux fédérations 178.828 *cartes* et 497.713 *timbres*.

Au 15 octobre 1921, il en avait 109.391, appuyées du nombre de timbres réglementaires. A la même date, si l'on ne tient pas compte du nombre de timbres, le total des cartes prises — mais non distribuées — s'élevait à 131.476.

Ce dernier chiffre ne doit pas faire illusion, car il est clair qu'au lendemain de la scission, les fédérations ont inexactement mesuré leurs forces réelles. Elles ont commandé un nombre de cartes souvent disproportionné à leurs effectifs et dont une bonne part est restée à leur charge. Il n'en demeure pas moins que l'état de nos fédérations accuse une perte de 30.000 adhérents.

Nous avons étudié à Moscou les causes de cette chute rapide, presque alarmante. Nous n'avons rien à reprendre à cette étude. En voici l'essentiel :

Les causes en sont multiples. L'adhésion à la 3ᵉ Internationale avait été enlevée de haute lutte grâce à une sorte de mysticisme révolutionnaire qui s'exprimait alors par un véritable culte pour la République socialiste russe. De plus, la fortune des soviets semblait à son apogée. Ils avaient remporté des succès importants et qui paraissaient décisifs. On allait à l'Internationale Communiste comme à la victoire prochaine, facile, de la révolution mondiale. Les événements si impatiemment attendus ne se sont pas produits. La Révolution n'est pas venue. La Russie a dû modifier sa politique économique et, pour vivre, composer avec la réalité. On l'admirait sans réserves. On s'est mis à la discuter et, la campagne de calomnies des réformistes aidant, à la critiquer, à en contester les principes fondamentaux et son autorité a été atteinte. Ceux que la mode nous avait donnés, la mode nous les a repris, et c'est tant mieux.

La scission syndicale nous a privé d'un bon nombre de camarades ouvriers, d'une sincérité évidente, mais qui avaient conservé dans la C. G. T. de Jouhaux de fortes attaches et ne se résignaient point à les rompre pour courir l'aléa d'une organisation nouvelle dont ils ne concevaient ni la nécessité, ni l'opportunité. Pressés de se décider, ils ont quitté le Parti, non pour le combattre, mais pour prendre une position d'attente jusqu'au jour où la situation du mouvement ouvrier sera moins incertaine. Il est clair que nos discordes intérieures, brusquement et brutalement mises en relief par le Congrès de Marseille, ont découragé et éloigné de nous des adhérents et des sympathisants. Enfin, le doublement de la cotisation, les sacrifices d'argent très lourds qu'exige de plus en plus la vie militante et qui se sont multipliés pendant le cours de l'année 1921 au point d'obérer très sérieusement les budgets de nos ouvriers communistes ont contribué dans une mesure importante à faire fléchir notre recrutement. Si nous avions disposé d'un personnel nombreux de propagandistes et d'administrateurs, il nous aurait été possible de rétablir très vite à notre avantage la situation du Parti. Malheureusement, nos cadres manquent trop souvent d'acquis doctrinal et d'expérience politique. Nous les avons improvisés au lendemain de la scission; leur autorité, certes, s'accroît, mais il faudra du temps pour qu'elle réponde aux exigences de notre action.

La Fédération de la Seine continue d'être la première fédération du Parti, mais elle n'a plus que 10.000 cartes au lieu 15.167 en 1921 et de 21.200 en 1920. La Fédération du Nord tombe de 11.600 à 8.000; la Fédération du Pas-de-Calais de 6.000 à 3.500. Le troisième rang est pris par la Fédération de Seine-et-Oise qui, avec 4.500 cartes, est pourtant en déficit de 1.200 sur 1921. Le cinquième rang revient au Bas-Rhin, qui marque, avec 3.000 cartes, un progrès de 100. Nous avions, l'an dernier, six fédérations dépassant 2.000 cartes : il n'en reste qu'une seule, celle du Rhône, avec 2.500, et d'ailleurs en déficit de 800.

Ont de 1.000 à 2.000 adhérents, les fédérations de :

Vaucluse.	1.000
Saône-et-Loire.	1.000
Indre-et-Loire.	1.000
Charente.	1.000
Gironde.	1.025
Var.	1.100
Bouches-du-Rhône.	1.100
Gard.	1.120
Seine-Inférieure.	1.153
Haut-Rhin.	1.200
Lot-et-Garonne.	1.200
Seine-et-Marne.	1.450
Aube.	1.500
Moselle.	1.500
Corrèze.	1.600
Loire.	1.600
Allier.	1.700

Onze fédérations sont en progrès. Nous avons déjà cité celle du Bas-Rhin. Les autres sont celles de l'Aisne, du Gers, de la Loire, du Lot-et-Garonne, de Seine-et-Marne, du Var et toutes les fédérations d'Algérie et de Tunisie dont l'activité courageuse a reçu, en dépit de la répression gouvernementale, la meilleure récompense. Quatre sont stationnaires : la Charente, l'Eure, les Basses-Pyrénées, l'Yonne. Toutes les autres sont en recul. Parmi les plus éprouvées, citons : la Moselle, qui descend de 3.334 à 1.500 ; la Vaucluse, de 2.300 à 1.000 ; la Drôme, de 1.500 à 700 ; la Dordogne, de 1.499 à 900 ; la Nièvre, de 1.500 à 940 ; la Seine-Inférieure, de 2.000 à 1.153 ; le Doubs, de 1.025 à 575, etc... Trois fédérations n'atteignent pas le chiffre réglementaire de 100 adhérents : celles des Hautes-Alpes, 50 ; de la Haute-Loire, 60 ; de la Mayenne, 50. Deux ont disparu, celles de la Haute-Saône et de la

Meuse, dont les derniers groupes ont été rattachés à la fédération de Meurthe-et-Mosells. Tel est la situation dans son ensemble. Il appartient au Parti de l'examiner sérieusement, puisqu'aussi bien c'est de son avenir qu'il s'agit. Nous disions l'an dernier qu'il nous fallait « des administrations centrales, régionales et locales sérieuses, de propagandistes nombreux et expérimentés »; il nous faut surtout en finir avec un état de crise intérieure qui n'est pas sans influence néfaste sur notre recrutement.

5) La propagande du Parti

La propagande a été assurée par les délégués permanents, les élus législatifs, les membres du Comité Directeur. En raison de l'absence prolongée du camarade Treint, délégué à la Conférence de l'Exécutif élargi de Moscou, une délégation temporaire a été donnée au camarade Auclair. Il l'a conservée depuis, à titre provisoire.

Le Parti, en effet, s'est trouvé dans l'impossibilité de réaliser l'organisation régionale prévue par le Congrès de Marseille. Le fléchissement de ses effectifs, l'insuffisance de ses ressources ne lui ont pas permis de pourvoir les régions constituées de délégués permanents appointés par le centre. Mais les besoins de la propagande ont été si nombreux que le bureau du Parti a estimé nécessaire de prolonger jusqu'au Congrès la délégation confiée à Auclair.

Comme les années précédentes, le Parti a mis largement à contribution les élus législatifs, les élus municipaux de Paris et de la banlieue. Parmi ceux qui ont fourni l'effort le plus important, il convient d'accorder une mention particulière à Marcel Cachin, Vaillant-Couturier, Renaud Jean, Georges Lévy, Lafont, Louis Sellier, Dormoy, Berthon, Couergou, Garchery.

Vaillant-Couturier a accompli, dans l'Afrique du

Nord, une fructueuse tournée. A. Berthon a été procéder sur place à la reconstitution de la fédération communiste de Tunisie, dissoute par la résidence générale. Parmi les militants que le Parti a utilisés le plus fréquemment, il convient de signaler : Aubin (14 journées de propagande), Cartier (20 journées), Paquereaux (18 journées), Philippe (28 journées), Rappoport (20), Tommasi (44), Verfeuil (16), Ferdinand Faure (18), Lussy (26).

Voici maintenant, par fédération, avec le total de leurs journées, les tournées accomplies par les délégués permanents (du 1er janvier au 31 juillet 1922) :

Bouthonnier : Dordogne, Creuse, Charente-Inférieure, Lot, Haute-Vienne, Corrèze, Creuse, Charente, Indre, Lot-et-Garonne. 122 *journées de propagande.*

Lucie Colliard : Hérault, Orne, Alpes-Maritimes, Haute-Vienne, Dordogne, Pas-de-Calais, Var, Aude, Doubs, Savoie. 69 *journées de propagande.*

Vernochet : Interfédération du Midi, Haute-Garonne, Aude, Aveyron, Tarn, Hérault, Ariège. En dehors de sa région. 28 *journées de propagande en dehors de sa région.*

Treint : Alpes-Maritimes, Creuse, Nord, Morbihan. 28 *journées de propagande.* (Le camarade Treint a été absent en février et mars, délégué à la Conférence de Moscou de l'Exécutif élargi.)

Auclair (délégation temporaire confiée dans le courant de février) : Ardèche, Allier, Eure-et-Loir, Creuse, Isère, Puy-de-Dôme, Dordogne, Vosges, Haute-Savoie, Hérault, Isère, Pas-de-Calais. 105 *journées de propagande.*

Il nous sera permis de rappeler que sur l'initiative de notre camarade Garchery, un plan complet de propagande a été ratifié par la conférence de janvier des secrétaires fédéraux. Il s'agissait, dans la pensée de son auteur, d'organiser à propos du retour offensif du poincarisme, en mettant à profit la crise économique et politique, une vaste campagne d'agitation qui, commencée dans les premiers jours de février, se serait terminée avec le mois d'avril. Après avoir touché toutes les fédérations, la préoccupation essentielle de Garchery et du Comité Directeur était de faire participer à cette campagne tous les membres du Parti. Dans ce but, le Parti devait éditer des bulletins d'adhésion. Chacun de nos adhérents en aurait été pourvu. Sa tâche consistait à recueillir les signatures et les adresses de ceux qu'intéressaient les campagnes du Parti sur des objets spéciaux incrits en tête des bulletins et dont nous rappelons le texte :

PARTI COMMUNISTE (S. F. I. C.)

A TOUS LES TRAVAILLEURS DE FRANCE

Le Parti Communiste adresse un fraternel et pressant appel à tous les travailleurs pour que chacun d'eux apporte son adhésion à la campagne active et vigoureuse qu'il engage :

POUR OBTENIR l'amnistie générale et la libération immédiate des deux élus de Paris : André Marty et Louis Badina;

POUR PROTESTER contre une politique d'impérialisme et de militarisme qui écrase la France sous les charges militaires (longue durée de service, 800.000 hommes sous les armes, 7 milliards de dépenses annuelles);

POUR DENONCER le Gouvernement de réaction de Poincaré-la-Guerre comme un péril national et un danger nouveau pour la paix du monde;

POUR ASSURER, contre l'offensive capitaliste, la défense des salaires et l'application intégrale de la loi de 8 heures et du repos hebdomadaire;

POUR PROTESTER contre l'impôt sur les salaires;

POUR EXIGER l'égalité politique et économique entre les sexes;

POUR RECLAMER la reconnaissance de la Républi-

que Fédérative des Soviets de Russie et la reprise des relations avec le peuple russe.

Les soussignés, non adhérents au Parti Communiste, donnent leur approbation à ce programme d'action et s'engagent à soutenir et à développer de toutes leurs forces la campagne dont le Parti Communiste, devant la nation tout entière, a pris l'initiative et la direction.

Somme toute, le Parti se proposait de connaître ceux qui lui sont sympathiques, d'établir ensuite entre eux et lui des relations régulières et de les préparer par une propagande intelligente à transformer en adhésion effective cette sorte d'adhésion morale. Dans la mesure où il dépendait du centre, le plan de propagande a été exécuté. Du 20 février au 15 mai, 68 fédérations ont été visitées, 520 réunions organisées. Il est possible d'évaluer à 200.000 au minimum le nombre des auditeurs qui ont été touchés. Mais, à l'effort du Centre, n'a pas répondu un effort correspondant des adhérents du Parti. Nous comptions recevoir 4 ou 500.000 adresses. Or, les fédérations de la région parisienne sont à peu près les seules qui se soient préoccupées de ce côté de la campagne et il faut reconnaître que les résultats n'ont pas comblé les espérances que nous avions formées.

On trouvera en annexe les résultats détaillés des élections cantonales. Le secrétaire général du Parti les a commentées devant l'Exécutif élargi de juin. Nous croyons devoir reproduire ici cette partie de son rapport :

Les élections dernières méritent de retenir d'une façon toute spéciale l'attention de l'Exécutif. Elles portaient sur 2.500 cantons. Le Parti a présenté 400 candidats. Il a obtenu près de 400.000 suffrages. Quatre candidatures de marins de la mer Noire portées par lui sur différents points du pays ont réuni des majorités triomphales. En général, ses candidats ont largement déployé le drapeau du Parti sur lequel nous avions inscrit nos affirmations révolutionnaires essentielles. Le Comité Directeur s'est saisi des cas d'indiscipline peu nombreux qui se sont produits, et déjà il a sévi.

Les résultats des élections correspondent-ils aux espérances que nous avions formées? Nous n'hésitons pas à dire non. Ils sont loin d'être négligeables : ils nous ont cependant déçus. Il résulte de leur examen : 1° qu'en règle générale, l'idée communiste marque le pas et parfois recule dans les milieux urbains, tandis qu'elle progresse dans les milieux ruraux; 2° que dans les importantes régions ouvrières du Nord, du Pas-de-Calais, des Bouches-du-Rhône, de la Gironde, la force électorale des socialistes dissidents est supérieure à la nôtre; 3° que la déroute désormais certaine du Bloc National s'accomplira au bénéfice du Bloc des gauches dans lequel, dès à présent, se sont inscrits les socialistes; 4° que le Bloc des gauches, entendu dans le sens d'un cartel électoral, a des séductions contre lesquelles il nous faudra savoir prémunir certains de nos militants.

Notre demi-échec dans les villes — il s'agit, bien entendu, de la province, puisque Paris et sa banlieue n'ont pas été touchés par ces élections — s'explique par toutes les raisons que nous avons développées à propos de notre recrutement. Il est, en particulier, une conséquence directe de la scission syndicale. Notre succès dans les campagnes provient du développement méthodique de notre propagande agraire, de l'antimilitarisme foncier de nos paysans et de l'insécurité qu'ils éprouvent aujourd'hui, après une courte période d'artificielle prospérité.

Les socialistes dissidents sont loin d'avoir su fournir un effort aussi considérable que le nôtre. Ils n'ont engagé la lutte que dans un nombre restreint de départements, et le nombre de leurs élus est dû pour une bonne part à la pratique du Bloc des gauches. Il est néanmoins incontestable que, dans le Nord, où ils ont recueilli 100,000 suffrages contre 60.000 aux communistes, leurs voix sont en immense majorité des voix ouvrières. Elles leur ont été données par un prolétariat dont il serait vain de nier l'instinct de classe, et nous devons retenir ce fait — qui prouve combien nous aurions tort de croire que notre autorité sur les masses est définitivement établie — pour examiner les conséquences qu'il entraîne au point de vue de la conquête de ces masses par notre Parti et des moyens à mettre en œuvre dans ce but. Cependant, notre infériorité provisoire par rapport aux dissidents du Nord tient, pour une bonne part, au fait que la scission a fait passer dans le camp de nos adversaires l'immense majorité des élus socialistes — fort nombreux dans cette région — des fonctionnaires politiques et syndicaux, en un mot les professionnels de la politique socialiste qui s'étaient depuis un quart de siècle créé là-bas de véritables clientèles. Nous n'avons à leur opposer que de jeunes militants, d'un dévouement d'ailleurs hors de pair, mais qui ne prendront qu'au fur et à mesure des événements un ascendant prépondérant sur leur prolétariat.

La perspective de succès électoraux et parlementaires engage, définitivement à notre sens, le Parti socialiste dissident dans la voie du Bloc des gauches. Elle le conduira, selon toute vraisemblance, à la participation ministérielle, avec les radicaux, et nous ne pouvons que nous en réjouir, puisqu'ainsi sera nécessairement hâté leur complet discrédit dans la classe ouvrière.

Nous devons signaler l'excellente position du Parti dans la région qui avoisine Paris, en Seine-et-Oise, Seine-et-Marne, Seine-Inférieure, ainsi que dans l'Allier, la Loire, la Corrèze, le Cher. Les Fédérations de ces départements solidement organisées et pourvues de toute une équipe de militants intelligents, actifs et avertis, ont conquis une place de premier ordre et dominent nettement le bloc des adversaires de gauche du communisme. Il est sûr que si nous étions en mesure de pourvoir l'ensemble de nos Fédérations d'un personnel d'une valeur égale, notre action se trouverait heureusement fortifiée et notre influence s'accroîtrait dans des proportions remarquables.

En résumé, les élections cantonales nous ont assuré des résultats sérieux : elles accusent pourtant nos défectuosités, nos insuffisances, nos faiblesses; elles en précisent le caractère et elles nous obligent à reconnaître que nous avons sous-estimé l'influence réelle des socialistes dans certains de nos départements. Nous la mesurons aujourd'hui avec plus de précision. La question se pose dès lors de savoir quels moyens il est nécessaire d'employer pour la battre utilement en brèche.

Nous n'avons pas à signaler ici les cas, assez peu nombreux, des fédérations qui ont, dans cette campagne électorale, composé avec les principes du communisme. Le Parti retiendra qu'il y en a eu, il le regrettera et il prendra les dispositions nécessaires pour qu'à l'avenir de telles défaillances ne puissent pas se renouveler. Il y va de l'autorité et de la santé morale de notre mouvement.

La campagne avait été ouverte par une affiche-manifeste du Parti dont la distribution fut assurée à toutes les fédérations. Nous en rappelons les principaux passages :

Le Parti Communiste ne dissimule rien de ce qu'il est ni de ce qu'il veut.

Parti de classe et de Révolution, il poursuit la conquête de vive force du pouvoir politique en vue d'appréhender sous la forme sociale la propriété des instruments de travail et d'échange. A la République des profiteurs et des politiciens, il se propose de substituer la République du peuple travailleur; au Parlement — expression de la dictature permanente de la bourgeoisie — les Conseils d'Ouvriers et de Paysans — expression de la dictature impersonnelle et provisoire des producteurs; — à la société capitaliste, créatrice du désordre d'injustice, d'insécurité, la société communiste, seule capable de réaliser dans le bien-être et l'harmonie des efforts, l'égalité, la liberté et la paix.

Le Parti Communiste rappelle à la classe laborieuse le lourd bilan des deux années d'hégémonie du Bloc national :

A l'intérieur : Le gâchis, l'impuissance, la faillite menaçante et la réaction partout entreprenante, et dans tous les domaines maîtresse incontestée.

. . . .

A l'extérieur : la paix impossible, le trouble et l'inquiétude partout, des conflits ouverts sur tous les points du globe, la guerre hier, et, après une trève sans cesse perturbée par les rivalités des impérialismes, la guerre sans doute demain.

. . . .

Par le crime des dirigeants de notre pays, nous voici en danger de guerre.

Ouvriers, paysans, souscrirez-vous par votre vote à cette politique néfaste qui mène la France et le monde aux abîmes?

Vous aurez à le dire les 14 et 21 mai prochains.

Vous voterez contre le Bloc National.

Vous n'accorderez pas vos suffrages aux partis dits de gauche, solidaires des partis de réaction, dans le domaine des affaires extérieures et comme eux résolus à maintenir et à consolider, dans l'ordre de la politique intérieure, les privilèges essentiels du capitalisme.

Vous les refuserez aux socialistes dissidents, partisans de la Défense Nationale en régime capitaliste et qui sacrifient à d'hypothétiques et trop souvent inefficaces réformes le droit du prolétariat à la Révolution.

Vous voterez pour le Parti Communiste.

Il est le Parti de la vérité et de la justice.

Pleinement solidaire de la République russe des Soviets, avec laquelle il demande la reprise immédiate des relations politiques et économiques, le Parti Communiste vous demande d'affirmer, sur les noms de ses candidats, votre volonté d'affranchissement total pour les prolétaires des deux sexes, ouvriers et paysans, manuels et intellectuels.

Vous exigerez en même temps, avec le respect des droits du travail, l'amnistie pleine et entière, comme une mesure de tardive réparation.

Vous voterez pour le Communisme.

Nous reproduisons enfin l'essentiel de la résolution votée à l'unanimité par le Comité Directeur entre les deux tours de scrutin pour préciser l'attitude du Parti au ballottage :

Le Comité Directeur enregistre avec satisfaction les résultats obtenus par le Parti Communiste au premier tour de scrutin des élections cantonales. Il constate que les fédérations ont mené la lutte dans plus de quatre cents cantons et, après une campagne de clarté et de probité, réuni sur les noms de leurs candidats près de trois cent mille suffrages.

Le Comité rappelle aux fédérations les termes de la résolution du Congrès de Marseille sur la tactique électorale.

. . . .

Le Comité Directeur estime qu'au second tour de scrutin l'intérêt du Parti commande aux fédérations de désister, conformément à la résolution de Marseille, ceux de ses candidats dont le maintien pourrait aboutir à l'élection des candidats du Bloc national.

Elles le feront sans tractations ni compromissions et elles mettront à profit les réunions organisées par les adversaires du Parti pour continuer d'affirmer devant le corps électoral l'intégralité de la doctrine communiste. En retirant purement et simplement les candidatures qui n'auraient aucune chance de succès — sauf l'exception de représailles légitimes dont les fédérations, sous le contrôle du Comité Directeur, restent juges — le Parti Communiste ne choisit pas entre les partis qui le combattent; il se refuse à faire le jeu du Bloc national, maître du pouvoir, comme il se refuserait le cas échéant, à faire celui du Bloc des gauches, qui aspire à le remplacer. Il n'a d'autre préoccupation que de servir la classe ouvrière et la Révolution sociale.

7) Le Parti et les Syndicats

Au moment où s'ouvrait l'année, la scission syndicale était un fait accompli. Le Parti venait de voter, à Marseille, la thèse sur les tâches des communistes dans les syndicats. Le Comité Directeur confia à la Commission syndicale le soin d'en assurer l'application. Il lui fallait d'abord choisir entre les deux C. G. T. La Commission le fit en publiant le manifeste suivant qui reçut l'adhésion générale du Comité Directeur :

POUR L'UNITE SYNDICALE

Par le crime des dirigeants confédéraux, traîtres à leurs idées et cramponnés à leurs fonctions, l'Organisation syndicale des travailleurs va rompre son unité. La responsabilité de ce désastre retombera tout entière sur les hommes du syndicalisme de collaboration de classes qui, depuis des mois, avec une perfide opiniâtreté, s'acharnent à rendre la scission inévitable pour échapper au renversement de majorité dont ils sont menacés comme d'un juste châtiment.

Le Parti Communiste n'a pas à intervenir, en tant que Parti, dans la crise que traverse le mouvement ouvrier français. Il a proclamé solennellement à son récent Congrès de Marseille sa volonté de « respecter le droit des syndicats de se gouverner et de s'administrer par eux-mêmes en dehors de toute injonction, de toute tutelle, de toute subordination ». Pas plus demain qu'hier, il ne menacera la liberté de leurs déterminations et de leurs mouvements. Mais il a fait à tous ses membres la stricte obligation d'appartenir au syndicat de leur profession et d'être au syndicat, comme partout, à l'extrême pointe du combat révolutionaire. C'est donc à la fois son droit et son devoir, dans les circonstances actuelles, de donner à ceux de ses membres qui militent dans les syndicats le mot d'ordre clair et précis qu'ils attendent.

Le Parti Communiste est pour l'unité syndicale.

Il estime que, par sa composition comme par l'objet immédiat de ses luttes, le syndicat ne peut, sans tarir son recrutement et frapper de stérilité son action, devenir un groupement d'affinité. Le syndicat fait appel à tous les salariés, sans distinction de Parti ni de croyance. Il les réunit tous pour préparer leur mieux-être et leur émancipation intégrale. Organe naturel de la lutte de classe, il exprime par définition l'unité même de la classe ouvrière.

C'est ce qu'a fort exactement compris le Congrès Unitaire de Paris, qui a rassemblé toutes les tendances contre l'entreprise scélérate de division des forces prolétariennes menée par un état-major de profiteurs et de renégats du syndicalisme, acoquinés à la bourgeoisie. Au moment où le capitalisme, par une offensive redoutable, menace les libertés et les droits chèrement acquis du monde du travail, trouble et compromet une paix déjà mal assurée, il appartient aux militants communistes d'apporter leur concours le plus ardent à la C. G. T. unitaire née du Congrès de Paris.

Parce qu'il est pour l'unité syndicale, le Parti Communiste invite ses adhérents à rallier la C. G. T. Unitaire. Il leur demande d'agir au sein de leurs syndicats respectifs pour que ceux-ci se joignent au Bloc de la C. G. T. Unitaire.

Par la volonté de ses chefs, la C. G. T. de la rue Lafayette n'est plus qu'une secte politique à la solde de la bourgeoisie. C'est dans la C. G. T. Unitaire que se réalisera un jour prochain, sur le terrain économique, l'unité totale de la classe ouvrière.

Les travailleurs communistes, tout en continuant de mener la lutte pour gagner les syndicats au communisme, collaboreront de tout leur pouvoir, avec la C. G. T. de la rue Grange-aux-Belles, à la refonte rapide de cette unité nécessaire.

L'appel du Parti a été entendu. Les communistes, dans leur immense majorité, ont adhéré à la C. G. T.

Unitaire. Quel rôle y ont-il joué? Ici encore, nous nous en référons au rapport du secrétaire général à la Conférence de juin de l'Exécutif élargi :

La C. G. T. U. n'a pas encore six mois d'existence. Elle est née au début de l'année d'une scission que nos militants, dans la mesure de leurs moyens, ont tout fait pour prévenir. Quelle devait être, dans le semestre qui vient de s'écouler, l'attitude et le rôle des communistes dans les syndicats? Ils avaient, à notre sens, deux tâches essentielles à remplir. Il leur fallait d'abord s'employer de toute leur activité à faire adhérer les syndicats à la C. G. T. U.; ils n'y ont pas manqué et le Parti lui-même, par l'organe de son Comité Directeur, a adressé aux ouvriers le plus pressant appel pour qu'ils rejoignent la C. G. T. U. Il leur en a fait une obligation morale, et on peut dire que ses efforts, ceux de ses militants, ont contribué dans une mesure décisive au rapide progrès de la nouvelle organisation confédérale. Il est certain que, de cette attitude, le communisme français tire, aux yeux de la fraction la plus éclairée de la classe ouvrière, un réel bénéfice moral.

Elle a exigé une dépense d'activité souvent obscure, mais toujours absorbante. En même temps, et allant pour ainsi dire au devant du désir de l'Internationale, les communistes prenaient dans le mouvement syndical des responsabilités de direction. Parce qu'ils étaient parmi les plus dévoués et les plus intrépides, ils se trouvent tout naturellement portés aux postes de combat. Peut-être l'Internationale nous permettra-t-elle de lui signaler que, dès aujourd'hui, les plus considérables de nos Fédérations d'industrie et les plus nombreuses de nos Unions départementales de syndicats ont à leur tête des communistes attachés au Parti.

Nous n'avons pas à justifier devant le Parti l'intervention à Saint--Etienne du secrétaire général. L'Exécutif lui avait demandé de réunir, dans l'intervalle des séances, les délégués membres du Parti, de les inviter à harmoniser leur action au sein du Congrès, de leur proposer une manifestation de principe en faveur de l'adhésion à l'I. S. R.

La réunion s'est tenue. 130 délégués y ont participé. Aucune pression n'a été exercée sur eux. Le secrétaire général du Parti a particulièrement insisté sur la nécessité du respect des mandats dont ils étaient porteurs. Mais il n'est pas douteux que cette première réunion a permis à la fraction communiste du Congrès confédéral de s'affirmer, dans le débat public, avec une réelle autorité. C'est le droit incontestable des membres d'un Parti de se concerter lorsqu'ils le jugent nécessaire, quel que soit le milieu où ils se trouvent.

Ils l'ont exercé à Saint-Etienne. Ils recommenceront quand il le faudra.

La Commission syndicale du Parti, dirigée par Tommasi, a tenu de nombreuses séances. Il lui appartient de présenter au Congrès, à propos de la question syndicale inscrite à l'ordre du jour de nos assises nationales, les observations que lui suggère la situation actuelle du mouvement ouvrier et les propositions qu'elle croit de nature à favoriser le progrès des idées communistes dans les syndicats.

8) Manifestations diverses

Comme à l'habitude, le Parti Communiste s'est associé aux grandes manifestations ouvrières et de solidarité internationale. Le 8 février, il exprimait aux cheminots allemands en grève ses vœux de succès. Il le faisait en ces termes :

Le Comité Directeur joint sa protestation à celle de la Fédération des Cheminots révolutionnaires français contre le rôle de briseurs de grève joué en Rhénanie par les chefs militaires des troupes de l'occupation.

Il attire l'attention du prolétariat de notre pays sur la solidarité ainsi affirmée une fois de plus entre les capitalismes « ennemis ». Les baïonnettes françaises viennent d'assurer à nouveau en Rhénanie l'exploitation et les profits de la bourgeoisie allemande.

A cette Internationale des militaires, des profiteurs, des gouvernants, le Parti communiste entend opposer avec plus de force que jamais l'entente et la solidarité des travailleurs des deux côtés du Rhin.

Les deux prolétariats doivent travailler cœur à cœur et en pleine harmonie pour assurer la défense de leurs intérêts communs et préparer le triomphe définitif de la classe ouvrière sur tous ses ennemis.

Le 28 février, il protestait contre la livraison aux autorités espagnoles, par le Gouvernement français, des révolutionnaires Fort et Concepcion.

En vue du Premier Mai, il joignait son appel à celui de la C. G. T. U. :

Pour la trente-troisième fois depuis le premier Congrès de la seconde Internationale, le Premier Mai va réunir les travailleurs de tous les pays dans une manifestation qui exprimera à la fois leur volonté de se libérer de la servitude humiliante du capitalisme et d'établir entre les peuples une paix définitive.

Cette année comme les autres, le Parti Communiste fait un devoir à ses adhérents de répondre « Présent » à cette mobilisation des forces prolétariennes. Ils se conformeront aux instructions de la Confédération Générale Unitaire du Travail, qui groupe sur le terrain économique la portion la plus agissante et la plus éclairée de la classe ouvrière française.

La C. G. T. Unitaire a décidé que le Premier Mai prochain sera jour de chômage. Les membres du Parti observeront scrupuleusement cette décision.

Il organisait avec un plein succès le défilé annuel du prolétariat parisien au Mur des Fédérés. L'appel du Comité Directeur disait, à cette occasion :

Il y a un demi-siècle, après une courte et héroïque existence, la Commune tombait sous la mitraille des Versaillais. Mais l'idéal, dont elle avait en vain cherché à assurer la réalisation, ne devait point périr avec elle. Il est en train de conquérir le monde. Un peuple entier s'en est fait un drapeau et la Révolution Soviétique, victorieuse, de Russie est la fille légitime de la Commune de 71.

Le Parti Communiste Français inclinera tout à l'heure l'hommage de ses militants devant le Mur qui rappelle la haute mémoire des assassinés de Mai. Il s'inspirera de leur exemple dans sa lutte sans merci contre la bour-

geoisie et il saluera le Mur de ces cris, qui expriment
sa foi ardente et sa ferme volonté :
« A bas la guerre! Vive la fraternité des peuples!

La Mort de Guesde

Au moment où le Parti commémorait le 8e anniversaire de la mort de Jaurès, la nouvelle de la mort de
Guesde lui parvenait. Oubliant ce qui l'avait, depuis
la guerre, séparé du vieux militant, pour ne se sou-
venir que de son long, héroïque et fécond apostolat,
le Parti s'inclinait avec respect devant la dépouille
mortelle du dernier des grands socialistes français.

Le Comité Directeur publiait l'ordre du jour suivant :

Le Comité Directeur s'incline avec une respectueuse
émotion devant la dépouille mortelle de Jules Guesde.
Au moment où disparaît, après un long apostolat illustré
par l'exil, la prison, les privations de toutes sortes, le
grand socialiste qui a marqué de sa forte empreinte le
mouvement ouvrier français contemporain, le Comité Directeur rappelle que, pendant quarante années, Jules
Guesde a lutté, en marxiste intransigeant, pour le triomphe de la Révolution socialiste dans notre pays. Le
Parti communiste, qui sait qu'il doit la formation doctrinale de ses militants à l'œuvre et à l'effort de Guesde,
considère sa mort comme un deuil prolétarien.

Il invite ses adhérents à assister en grand nombre
aux obsèques du glorieux vétéran de nos batailles de
classe, et il assure sa famille de ses sentiments de
fraternelle solidarité.

A ses obsèques, les communistes étaient nombreux.
Marcel Cachin parla en leur nom. Il rendit l'hommage des révolutionnaires au révolutionnaire disparu
dont le Parti honorera toujours la haute mémoire.

LA VIE INTERNATIONALE

(Toute cette partie du rapport a été rédigée par le Secrétaire International

Par le resserrement des liens avec l'Internationale Communiste, les partis communistes des autres pays, et la participation à deux conférences de l'Exécutif élargi portant à leur ordre du jour les questions françaises, la vie internationale du Parti a atteint, depuis le Congrès de Marseille, un degré d'intensité jusqu'ici inconnu.

Au rebours de la deuxième Internationale, qui ne représentait qu'un lien fédératif très lâche entre des groupements disparates, l'Internationale Communiste tend à devenir de plus en plus un véritable « Parti International ». Les préoccupations et l'activité internationale prennent donc dans notre Parti une place toujours plus grande et se mêlent intimement à notre politique intérieure. Notre action générale est *une;* il serait donc arbitraire, pour ne pas dire impossible, de tracer une délimitation tranchée entre notre action nationale et les manifestations de notre vie internationale.

Nos rapports avec l'Internationale Communiste

Dans sa séance du 27 décembre, le Présidium de l'Internationale Communiste décidait de convoquer pour le 10 février 1922 une séance de l'Exécutif où chaque Parti devrait envoyer le double du nombre normal de ses représentants permanents; l'ordre du jour primitif était le suivant :

1° Le front unique;
2° Les tâches prochaines du Profintern (Internationale Syndicale Rouge);
3° La situation de la Russie des Soviets;
4° La presse;
5° La préparation du IV° Congrès.

Le 9 janvier suivant, arrivaient à Moscou les journaux relatant les débats du Congrès de Marseille et la démission de quatre camarades élus au Comité Directeur. Immédiatement, notre camarade Souvarine annonçait sa démission de membre du C. D. et de représentant du Parti à l'Exécutif. Ce même jour, le Présidium votait la résolution suivante :

L'Exécutif n'a pas encore une information suffisante sur le Congrès de Marseille. Mais il doit déjà maintenant déclarer ce qui suit : L'Exécutif considère comme une faute la démission de Loriot et de ses camarades. Le camarade Souvarine nous a donné sa démission comme représentant à l'Exécutif. Bien que l'Exécutif comprenne les motifs du camarade Souvarine, il ne peut cependant pas, momentanément, accepter sa démission. Tout communiste doit remplir les tâches que lui donne son Parti, les quatre camarades aussi bien que le camarade Souvarine. L'Exécutif prie le Comité Directeur du Parti Communiste Français d'envoyer immédiatement deux camarades à Moscou avec deux représentants de la minorité. L'Exécutif propose de suspendre toute polémique jusqu'à ce que la situation ait été examinée à Moscou.

Avant la réception de ce document, le Bureau Exécutif du Comité Directeur avait déjà décidé l'envoi à Moscou du camarade Ker, qui se mit en route avant que fût désignée la délégation demandée par le Présidium.

Par télégrammes en date du 14 et du 16 janvier, le secrétariat du Komintern (Internationale Communiste) insistait catégoriquement pour l'envoi immédiat de quatre délégués en vue d'aboutir au règlement du conflit surgi à Marseille.

Dans sa séance du 23 janvier, le Présidium décidait d'inscrire à l'ordre du jour de l'Exécutif élargi la question *du mouvement ouvrier français* et il insistait pour que les camarades Cachin et Frossard aillent à Moscou. Le lendemain, l'Exécutif désignait Trotsky comme rapporteur sur la situation du mouvement ouvrier français.

Enfin, le 28 janvier, après avoir entendu le rapport de Ker, le Présidium confirmait ses décisions antérieures et déclarait que la session de l'Exécutif élargi pourrait être retardée de quelques jours afin d'attendre l'arrivée de la délégation française. Celle-ci fut composée de scamarades *Cachin, Renoult, Louis Sellier, Métayer, Treint*. Au total, en y comprenant *Souvarine* et *Ker*, cette délégation comptait donc sept membres. Notre Parti disposant de quatre voix, il fut décidé d'un commun accord entre les délégués français, que Treint aurait voix consultative et que les quatre représentants de la majorité disposeraient des quatre voix françaises lors du vote sur le front unique.

I. — L'Exécutif élargi de février-mars

Les débats de l'Exécutif élargi ont déjà fait l'objet d'un compte rendu devant le Conseil National d'avril; nous n'en rappelons ici que les points essentiels.

Les séances de l'Exécutif élargi eurent lieu du 21 février au 4 mars. Etaient présents 105 délégués appartenant à 36 sections nationales ou aux délégations de l'Internationale des Jeunesses, du Secrétariat International des Femmes, de la Section des Coopératives et de la Section des Sports.

L'ordre du jour très chargé comprenait les questions suivantes :

1° Rapport du Parti Communiste d'Allemagne;
2° Rapport du Parti Communiste de France;
3° Rapport du Parti Communiste de Tchéco-Slovaquie;
4° Rapport du Parti Communiste d'Italie;
5° Rapport du Parti Communiste d'Angleterre;

6° Rapport du Parti Communiste d'Amérique;
7° Rapport du Parti Communiste de Pologne;
8° Rapport du Parti Communiste des Balkans;
9° Rapport de l'Exécutif et du Bureau;
10° Front unique;
11° Lutte contre les nouvelles guerres impérialistes;
12° Mouvement syndical;
13° La nouvelle politique économique de la Russie des Soviets;
14° Question du secours aux affamés et de l'aide économique à la Russie des Soviets;
15° Mouvement ouvrier en France;
16° Presse communiste;
17° Revendications économiques des Jeunes;
18° Question hongroise;
19° Questions intérieures du Comité Exécutif de l'I. C.;
20° Préparation du IV° Congrès mondial;
21° Elections du Bureau et du Secrétariat.

Les problèmes du mouvement ouvrier français constituant un point spécial de l'ordre du jour, le camarade *Cachin*, chargé du rapport sur le Parti français, se borna à fournir quelques renseignements sur la propagande et l'organisation de notre Parti.

LA TACTIQUE DU FRONT UNIQUE

Les débats relatifs au front unique ne durèrent pas moins de huit séances.

Daniel Renoult fut chargé, en qualité de second rapporteur, de présenter le point de vue de la majorité du Parti Français telle qu'elle s'était exprimée au Comité Directeur et à la conférence des secrétaires fédéraux. Il déclara que l'idée d'accords temporaires avec les chefs opportunistes et réformistes avait provoqué parmi les communistes français un profonde émotion et qu'une crise de recrutement pouvait en résulter; de pareilles craintes se trouvaient déjà partiellement justifiées :

La thèse française n'est pas purement négative. Nous sommes pour l'appel aux masses sous toutes les formes possibles. Nous sommes pour l'unité de classe. Si c'est cela le front unique, nous en sommes. Nous sommes pour

l'appel aux masses sur le terrain des revendications immédiates. Les syndicalistes révolutionnaires y sont dis-
posés également.

. . . . , ...

La situation de la France est particulière. Le Parti
groupe les plus gros bataillons de la classe ouvrière. Les
dissidents n'ont aucune puissance d'action sur les masses,
on peut les comparer aux gens autour de Paul Lévi, en
Allemagne. C'est un parti de députés. Pour une action de
masses, nous n'avons aucun besoin de M. Renaudel ou
de Jean Longuet. Le F. U. avec les chefs est irréalisable
en France. Pour une action des masses, il nous faut,
non le concours des dissidents, mais des prolétaires de
la C. G. T. révolutionnaire.

En face des explications de *Zinoviev*, qui se déclarait prêt à tenir compte de la situation particulière
en France, *Renoult* demanda quelques précisions sur
les modalités d'application possible chez nous.

Après le rapport de Renoult, Souvarine, Ker et Treint
firent une déclaration dans laquelle ils indiquaient que
les thèses de l'Exécutif sur le front unique avaient été
déformées dans notre presse et que Renoult, parlant au
nom de la direction du Parti, n'en représentait pas
l'unanimité.

Les arguments présentés par *Renoult* furent longuement et minutieusement examinés par les orateurs
qui suivirent : Lounatcharsky, Radek, Thalheimer,
Waleski, Trotski, Lozovski, Treint, Kolarov, Rokoszi,
Zinoviev.

Une commission fut nommée pour essayer d'arriver à une entente entre les partisans du front unique
et l'opposition composée des partis français, italien,
espagnol et autrichien. L'accord ne put être réalisé.
La majorité rapporta deux résolutions, l'une sur le
principe du front unique et l'autre sur la participation de l'Internationale Communiste à une conférence
mondiale de toutes les organisations ouvrières; ces
deux motions furent votées par 19 délégations
(46 voix) contre 3 délégations (10 voix).

La minorité présenta deux résolutions : la première

affirmait que l'appel aux masses doit être fait sans aucun rapprochement avec les partis politiques réformistes, ces derniers étant incapables de servir même les revendications les plus pressantes de la classe laborieuse; la deuxième déclinait l'invitation à la conférence mondiale.

Après le vote, *Cachin*, au nom de la minorité, lut la déclaration suivante que le nouveau Présidium, par la voix de Zinoviev, déclara tout à fait satisfaisante :

Camarades,

Nous avons rempli le mandat dont nous étions chargés. Nous avons dit nos raisons et défendu jusqu'au vote nos résolutions. Il nous apparaît que les réformistes de tous les pays s'éloignent chaque jour davantage de la classe ouvrière, qu'ils affirment une politique contraire à la défense quotidienne et au salut du prolétariat.

Nous ne doutons pas qu'ils ne se rencontrent en toute circonstance les adversaires et les saboteurs du véritable front unique des masses laborieuses.

L'Exécutif est d'accord avec nous à ce sujet, bien qu'il n'ait pas admis tout notre point de vue.

Nous nous inclinons devant la majorité qui vient d'accepter la tactique proposée par lui.

Nous vous demandons de considérer avec une grande attention la signification du vote. Trois pays se sont trouvés d'accord pour élever leurs réserves communes. Nous constatons d'ailleurs avec satisfaction que par des déclarations réitérées l'Exécutif élargi s'est engagé à tenir le plus grand compte de cette situation pour la mise en pratique de ses décisions.

Quant à nous, camarades, vous pouvez être assurés que dans cette occasion comme en toute autre, nous demeurerons disciplinés et fidèles aux résolutions de la III° Internationale. Les débats qui s'achèvent aujourd'hui ont montré qu'elle reste plus que jamais l'avant-garde du prolétariat révolutionnaire mondial.

LA SITUATION DU MOUVEMENT OUVRIER EN FRANCE

Dès la première séance de l'Exécutif élargi, une commission fut nommée, chargée d'étudier la question française et composée comme suit : Clara Zetkin,

Zinoviev, Trotski, Humbert-Droz, Waleski, Ambrogi, Kolarov et la délégation française.

La discussion s'engagea à la Commission sur le rapport de *Renoult*, qui estimait que les causes de la crise dans notre Parti était *personnelles* et non *politiques*. Les débats portèrent sur les tendances du nouveau Comité Directeur, sur l'importance de la tendance de droite et les complaisances du Centre, les campagnes du *Journal du Peuple*, les démissions de Marseille, l'existence de fractions au sein du Parti, etc.

Aux termes de la deuxième séance, *Zinoviev* posa aux camarades représentant la majorité du Parti les quatre questions suivantes :

1° Que comptez-vous faire pour mettre un terme aux progrès de la droite représentée par le *Journal du Peuple* et son directeur?

2° Que comptez-vous faire à l'égard des quatre démissionnaires?

3° Quelle sera votre attitude vis-à-vis des syndicats?

4° Que pensez-vous du régime des fractions dans le Parti?

A la troisième séance, *Daniel Renoult* donna lecture de la réponse ci-dessous :

I. — La délégation française, conformément aux déclarations de Marseille contre l'opportunisme de droite, s'engage à demander au C. D., au nom de l'Exécutif, le renvoi immédiat de Henri Fabre devant la commission des conflits, aux fins d'exclusion.

II. — La délégation enregistre la désapprobation formulée par l'Exécutif à l'occasion de la démission de plusieurs membres du C. D. Dans un but d'apaisement, elle demandera au C. D. de proposer au prochain Conseil National la réintégration de ces camarades. Le C. D. déciderait que ce Conseil National aura pouvoir de congrès. Les camarades actuellement en fonctions par suite des démissions conserveraient leurs mandats jusqu'à la fin de l'exercice.

III. — La délégation insistera auprès du C. D. pour que la thèse du Congrès de Marseille, relative aux rapports des syndicats et du Parti, soit strictement appliquée. La

Commission syndicale du C. D. devra travailler sans relâche dans ce but.

IV. — Le régime des fractions ne peut exister dans un parti communiste. La délégation transmettra au C. D. la volonté exprimée par l'Exécutif en vue de mettre un terme aux discordes intestines, d'en finir avec les polémiques irritantes et de réaliser l'union étroite de tous les communistes pour l'action.

A la dernière séance de la Commission, *Souvarine* présenta un projet de résolution qu'il retira aussitôt devant un texte de Trotski.

La résolution de Trotski, adoptée à l'unanimité de la Commission et de l'Exécutif élargi, reconnaissait le grand effort d'organisation fait depuis Tours par notre Parti, signalait quelques survivances de l'ancien Parti qui devaient être combattues sans retard. Elle demandait la mise hors du Parti de Fabre et du *Journal du Peuple* et l'application de la motion syndicale de Marseille.

Elle considérait comme injustifiée la démission de plusieurs membres du Comité Directeur élus à Marseille, indépendamment des motifs politiques de cette démission et se terminait par cet appel pour un travail commun et régulier au sein du Parti :

La séance plénière du Comité exécutif exprime sa conviction absolue que la lutte contre les manifestations susindiquées des tendances anticommunistes sera menée par la majorité écrasante du Parti et par les institutions dirigeantes du Parti tout entier. Considérant que la formation de fractions ferait inévitablement le plus grand tort au développement du Parti et porterait atteinte à son autorité parmi le prolétariat, la séance plénière du Comité exécutif prend connaissance avec satisfaction de la déclaration de la délégation française que le Comité central est prêt à prendre les mesures d'organisation nécessaires pour que la volonté du Congrès de Marseille soit exécutée jusqu'au bout et intégralement, et que les camarades qui avaient démissionné fassent partie de la direction du Parti pour y accomplir un travail régulier et sans discorde.

Le nouveau Présidium élu dans la séance du 2 mars,

date anniversaire de la fondation en 1919 de l'Internationale Communiste, était composé comme suit :

Pour la Russie : Radek et Boukharine;

Pour l'Allemagne : Brandler;

Pour la France : Souvarine et Sellier (1 voix ensemble);

Pour l'Italie : Terracini (ou suppléant);

Pour la Tchéco-Slovaquie : Kreibich;

Pour les Etats-Unis : Carr.

Zinoviev, élu statutairement par le Congrès, restait président.

Dans la dix-septième séance (4 mars), le vote eut lieu sur les résolutions ci-dessous :

Le front unique :
I. Résolution générale.
II. Participation de l'I. C. à la Conférence Internationale de toutes les Organisations ouvrières.

La lutte contre la guerre (la Conférence de Gênes).
La question agraire.
La défense de la jeunesse ouvrière.
La terreur blanche.
La question d'Orient et les questions coloniales.
La presse communiste.
La question syndicale.
Le secours aux affamés.
La situation en Russie des Soviets; la nouvelle politique économique (résolution de l'Exécutif élargi sur l'opposition ouvrière).
La situation en Angleterre.
La situation intérieure du Parti français.

Le compte rendu de l'Exécutif élargi a fait l'objet des publications suivantes : *Correspondance Internationale*, supplément d'avril; *Bulletin Communiste* du 22 avril; *Compte rendu analytique* publié par l'*Humanité* (un volume, prix 5 fr.); les deux discours de Trotski ont été également publiés à la librairie de l'*Humanité* en une brochure intitulée : *Le Communisme en France et l'Internationale*.

II. — Nouvelle intervention de l'Exécutif

Au mois d'avril, la camarade *Leiciague* est désignée par le Comité Directeur pour remplacer Louis Sellier à l'Exécutif. Après avoir assisté à la Conférence internationale de Berlin, Lucie Leiciague arrive à Moscou au début de mai, porteuse de la résolution votée par le Conseil National des 23 et 24 avril. Dans trois séances successives, l'Exécutif est donc appelé à s'occuper de nouveau de la question française en présence de nos trois délégués : Lucie Leiciague, Souvarine et Louis Sellier.

Au cours de son rapport sur la situation du Parti, *Lucie Leiciague* indiqua les raisons qui commandaient, aussi bien pour la résolution du Comité Directeur sur le front unique que pour celle qui fut votée par le Conseil National, la recherche d'un accord entre des nuances différentes d'opinion, la nécessité d'éviter la crise grave qui aurait pu se produire si l'on n'avait pas tenu compte des fortes résistances qui se manifestaient et enfin les conditions tout à fait défavorables en France pour l'application du front unique. .

Elle signala l'émotion produite dans le Parti par la constitution du Comité des Neuf, les craintes manifestées que cet organisme dépassât le but visé et elle fit connaître les termes du mandat donné à ce sujet par le Conseil National aux représentants du Parti à l'Exécutif.

A propos des réintégrations, elle fit connaître, à l'appui des rapports de *Ker*, les observations d'ordre statutaire présentées par une minorité du Parti.

Pous ce qui concerne le cas Fabre, elle rappela les pouvoirs statutaires de notre Commission des Conflits, souveraine dans ses décisions, et insista sur le fait que les oppositions qui pourraient se manifester contre l'exclusion de Fabre, ne devaient pas être prises dans le sens d'une complaisance à l'égard de sa politique.

Le camarade *Trotski*, venu tout spécialement pour l'examen de la question française, a critiqué vivement le sens donné chez nous à la discipline internationale.

Il ne faut plus, dit-il, tolérer dans le Parti les ennemis du Parti. Henri Fabre, qui représente l'opportunisme et s'efforce de soulever l'opinion du Parti contre l'Internationale, doit être exclu dans le plus bref délai. La procédure employée par le Comité Directeur à cette fin lui paraît douteuse quant aux résultats. On ne peut pas concilier les nécessités politiques impérieuses avec certaines formalités mesquines de procédure sinon de juridiction. L'*Humanité* et l'*Internationale* se doivent de faire cesser les attaques contre les décisions de l'Exécutif et de ne pas permettre les déformations et les interprétations tendancieuses ou erronées du front unique qui faussent l'opinion.

Lozovski s'éleva vivement contre le passage de notre résolution qui interprète dans le sens d'une participation ministérielle la constitution des gouvernements ouvriers; il se demanda comment un Parti Communiste pouvait discréditer ainsi publiquement, dans une motion votée en Conseil National, l'Internationale Révolutionnaire en lui prêtant pareilles idées.

Zinoviev déclara que rien n'avait encore été fait pour présenter le front unique sous son véritable jour. La manifestation décidée par la réunion de Berlin avait été sabotée en même temps par le Parti français et les majoritaires allemands. L'exclusion de Fabre, qui essaie de soulever l'opinion du Parti autour de sa personne, apparaissant comme une nécessité politique, urgente et absolue, Zinoviev proposait l'exclusion de Fabre en application de l'article 9 des statuts de l'Internationale.

Souvarine intervint également et montra que la situation ne faisait que s'aggraver. « On répète tous les jours qu'on est discipliné, en même temps on déclare que le Parti français va aux abîmes s'il su.t une telle tactique. Je trouve que c'est une mauvaise méthode pour arriver à mettre le Parti français à l'unisson dans l'Internationale. » *Souvarine* parla encore de l'attitude de la direction du Parti vis-à-vis des anarchistes et de la C. G. T. U. et de la manière dont les réintégrations au C. D. avaient été présentées au Parti.

« Ce qu'il faut au Parti français, concluait-il, c'est un programme politique qui détermine une fois pour toutes quels sont ceux qui doivent rester dans le Parti et quels sont ceux qui ne peuvent pas y rester, étant donnée la différence des points de vue fondamentaux qui se heurtent actuellement dans le Parti. »

A la séance suivante, *Louis Sellier* fit une intervention extrêmement énergique pour défendre le Parti français et mettre au point certaines accusations.

Après *Brandler* et *Doriot*, *Zinoviev* s'éleva contre les déclarations de Daniel Renoult au Conseil National et proposa les trois mesures suivantes :

1° L'envoi au Parti français d'un télégramme signifiant l'exclusion de Fabre à la date du 9 mai, par application de l'article 9 des Statuts Internationaux, en précisant que les dispositions de cet article devaient prévoir la mise automatique hors du Parti de tous les communistes qui se solidariseraient avec l'exclu ou collaboreraient politiquement à son journal;

2° L'envoi d'une lettre publique au Parti français en vue de dissiper définitivement tous les malentendus qui existent entre le Parti et l'Internationale, et dont la persistance aboutit à entraver l'action du Parti dans un sens conforme aux intérêts du prolétariat français et à l'intérêt de la cause révolutionnaire mondiale;

3° Une lettre privée au C. D. ayant pour objet de lui faire connaître de la façon la plus franche et la plus détaillée tous les griefs de l'Internationale et d'obtenir de lui, en réponse, des explications pareillement complètes, précises et objectives.

A *Leiciague*, qui s'opposait à la mesure visant

Fabre, *Zinoviev* répondit que l'Exécutif n'entendait pas méconnaître les droits du Parti, mais qu'il avait en tout état de cause à sauvegarder l'intérêt et la dignité de l'Internationale.

Souvarine fit aussi des objections à l'envoi du télégramme. La proposition de Zinoviev fut votée par l'Exécutif à l'unanimité, moins les deux voix de Leiciague et de Sellier et l'abstention de Souvarine.

L'exclusion de Fabre fut ainsi décidée et le Comité Directeur eut à en discuter dans sa séance du 30 mai. Le C. D., en enregistrant la décision de l'Exécutif, fit remarquer qu'il avait toujours été d'accord avec ce dernier sur les motifs politiques de l'exclusion, mais qu'il avait dû procéder par la seule voie statutaire possible. L'*Humanité* du 1er juin a publié la déclaration de l'Exécutif au Parti ainsi que la résolution concernant Fabre :

La délégation du Parti français s'était déclarée, au cours des séances de l'Exécutif élargi, pour l'exclusion immédiate d'Henri Fabre et de son *Journal du Peuple*.

L'Exécutif élargi approuva cette déclaration à l'unanimité, convaincu que le *Journal du Peuple* est anticommuniste et que Fabre est un ennemi du communisme qui cherche à démoraliser par son activité le mouvement communiste. Les représentants du Parti français s'étaient engagés à obtenir l'exclusion de Fabre, et cependant deux mois se sont écoulés et Fabre, qui, chaque jour, compromet le Parti français, n'est pas encore exclu.

Cependant, les textes des articles incriminés sont si violemment contraires à la doctrine et à la discipline communistes que le travail de la Commission des Conflits ne paraissait même pas devoir comporter de discussion.

L'Exécutif estime que c'est la nécessité politique et l'intérêt révolutionnaire qui doivent déterminer l'attitude du Parti, et non pas les formalités juridiques mesquines de procédure.

Le paragraphe 9 des Statuts de l'Internationale communiste formule :

« Le Comité Exécutif de l'Internationale Communiste a le droit d'exiger des partis affiliés que soient exclus tels groupes ou tels individus qui auraient enfreint la discipline prolétarienne; il peut exiger l'exclusion des partis qui auraient violé les décisions du Congrès mondial. »

L'Exécutif décide donc, en vertu du paragraphe 9 des Statuts de l'Internationale :

Dès le 9 mai 1922, Fabre est exclu de l'Internationale Communiste et ne peut donc adhérer à aucune de ses sections.

L'Exécutif reprend la résolution adoptée par le III⁰ Congrès contre Paul Lévi : « Les membres de l'Internationale Communiste qui se solidarisent avec Fabre et continuent de collaborer à son journal sont exclus automatiquement de l'Internationale. »

L'Exécutif communique cette décision définitive au Comité Directeur du Parti français pour qu'elle soit publiée immédiatement dans les journaux du Parti.

L'Exécutif est convaincu que la Commission des Conflits du Parti français, saisie de l'affaire Fabre, est arrivée à la même conclusion que l'Exécutif ou adoptera la même décision.

L'Exécutif de l'Internationale Communiste.

La séance de l'Exécutif du 19 mai fut encore consacrée à la question française. Elle adopta, après les discours de *Trotski* et de *Souvarine*, le texte du message au Comité Directeur.

Le *Bulletin Communiste* du 10 et du 17 août donne les principales interventions qui se sont produites au cours de ces séances.

C'est également au mois de mai que l'Exécutif désigna sa représentation au procès des socialistes révolutionnaires : Frossard, Clara Zetkin, Sadoul, Bordiga, Muna et Wichnienka. A cette occasion, l'Exécutif convoquait une nouvelle session de l'Exécutif élargi chargé d'étudier les résultats des Conférences de Gênes et de Berlin.

III. — La Conférence de juin de l'Exécutif élargi

Nous n'en retracerons pas les discussions. Elles ont été portées, dans le détail, à la connaissance du Parti. Le Comité Directeur s'était fait représenter par les citoyens Frossard et Cartier. La délégation du Parti comprenait donc les citoyens Frossard, Cartier, Lucie Leiciague, Souvarine et Louis Sellier, ces trois derniers en leur qualité de délégués à l'Exécutif. Le citoyen Rappoport, présent à Moscou, leur fut adjoint à titre consultatif.

La majeure partie des débats de la Conférence fut consacrée à l'examen de la question française. Intervinrent les citoyens Zinoviev, Trotski, Souvarine, Frossard, Cartier, Clara Zetkin, Bordiga, Kreibich. Clara Zetkin, Bordiga et Kreibich, présenta au vote de l'Exécutif les résolutions ci-après :

Programme, Tactique, Règlement intérieur

L'objet principal du prochain Congrès du Parti doit être d'adopter un programme, une tactique et un règlement intérieur répondant parfaitement au rôle du Parti dans l'époque actuelle de préparation à la révolution sociale. Il faut immédiatement procéder à l'élaboration de projets correspondants et à leur publication dans les organes non seulement du Parti français, mais encore de toute l'Internationale, afin que la pensée et l'expérience de tous les partis communistes et du Comité Exécutif puissent être employées à l'examen et à l'élaboration des documents fondamentaux destinés à assurer le maximum de cohésion et de valeur combative au parti de la classe ouvrière française.

Structure du Parti

1° *Le Comité Directeur.*

La consolidation d'un Comité directeur homogène, capable d'assurer la conduite du Parti conformément aux décisions des Congrès communistes internationaux et nationaux, doit dès aujourd'hui faire l'objet d'une soigneuse préparation et être ensuite réalisée au prochain Congrès du Parti.

Il faut reconnaître l'absolue nécessité que plus de la moitié des membres du Comité directeur soient des ouvriers ayant conservé une liaison effective avec les masses.

Tous les membres du Comité Directeur doivent être, soit consacrés au travail du Parti, soit consacrés au travail syndical, ou des travailleurs liés par leur métier à la vie de la masse ouvrière.

Choisir des candidats répondant à ces conditions, examiner leur passé et leur fermeté politique, enfin mettre d'une façon ou de l'autre les fédérations en état de les connaître, voilà la partie essentielle du travail préparatoire qui incombe naturellement à tous les membres du Comité Directeur actuel acceptant intégralement les résolutions de l'Internationale Communiste et décidés à assurer leur mise en pratique par l'organisation.

Dans un Comité Directeur ainsi composé, la majorité de ses membres réaliseront la liaison du Comité avec les fédérations locales, les syndicats, la presse, etc. En même temps doit être désigné, au sein du Comité Directeur, un bureau politique permanent résidant à Paris, concentrant entre ses mains toute la conduite de l'action du Parti, préparant toutes les données nécessaires pour permettre au Comité Directeur, dans son ensemble, de prendre les décisions les plus importantes et veillant à la mise en pratique de ces décisions par l'intermédiaire du Secrétariat général du Comité Directeur.

Discipline

Le Comité Directeur doit avoir le droit de déclarer hors du Parti tels ou tels membres ou groupes de membres toutes les fois que la chose est nécessitée par des considérations d'ordre politique.

Dans les cas réclamant une enquête détaillée sur une violation de la discipline ou sur d'autres délits ou crimes contre les intérêts du Parti, le Comité Directeur peut remettre la question à l'examen de la Commission de Contrôle.

Mais toutes les fois que tous les facteurs politiques de la question ne soulèvent aucun doute et que l'exclusion est exigée par les intérêts élémentaires du Parti, le Comité Directeur porte lui-même la décision d'exclusion. Il ne peut être fait appel de cette décision que devant le Congrès du Parti.

2° *La Fédération de la Seine.*

La Fédération de la Seine a une importance exceptionnelle dans les destinées du communisme français et, par suite, du communisme international. Partant de cette constatation, l'Internationale estime nécessaire d'inviter les communistes de cette fédération, de même que ceux de tout le Parti français, à modifier radicalement les bases d'organisation actuelles de la Fédération de la Seine.

Le principe du fédéralisme est absolument incompatible avec les intérêts réels d'une organisation révolutionnaire. Toute référence à la constitution fédérative de la République Soviétiste est radicalement erronée, étant donné que la structure du Parti Communiste ne peut en aucun cas être identifiée à la structure de l'Etat soviétiste. Le Parti Communiste, dans toutes les républiques fédérées, est un, et strictement centralisé. Les communistes d'Ukraine, de Géorgie, d'Azerbeidjan, etc., sont liés aux communistes de Moscou, de Pétrograd, etc., non point par les liens du fédéralisme, mais par le plus sévère centralisme démocratique. Seule, l'unité de cette organisation centraliste de la classe ouvrière de Russie lui a permis de défendre victorieusement son existence contre d'innombrables ennemis. L'Internationale condamne de la façon la plus catégorique l'application des principes du fédéralisme et de l'autonomisme dans un parti révolutionnaire qui doit être le levier puissant de l'action révolutionnaire.

Mettre à la tête d'une organisation un comité d'une centaine de membres, ce serait la priver en fait de toute direction ferme et conséquente.

En conformité des principes régissant la structure de l'Internationale Communiste, il doit y avoir à la tête de la Fédération de la Seine un comité composé d'un petit nombre de membres, élus sur la base du centralisme démocratique et absolument responsables de la conduite politique et de l'organisation intérieure de la Fédération.

En même temps, étant donné l'importance exceptionnelle indiquée plus haut de la Fédération de la Seine, il doit être reconnu comme absolument indispensable que deux ou trois membres du Comité directeur soient également membres du Comité de la Seine (soit par élection au Comité directeur de militants de la Seine, soit par introduction dans le Comité de la Seine de membres du Comité Directeur en vertu d'une décision spéciale de ce dernier). Ainsi sera assurée la liaison nécessaire entre le centre dirigeant du Parti et sa principale fédération.

Question syndicale

L'Internationale constate le danger immense causé par le mouvement ouvrier et en particulier au mouvement syndical français par les éléments petit-bourgeois, individualistes, hostiles à l'esprit de discipline prolétarienne et habiles à éviter tout contrôle des organisations sur leur activité personnelle. En la personne des Verdier, Quinton et autres, nous voyons des hommes qui se couvrent de phrases sur l'autonomie syndicale pour organiser de petites coteries à l'intérieur des syndicats et pour essayer de mettre la main sur la direction du mouvement, sans donner à la classe ouvrière aucune garantie organique, non seulement de direction juste, mais même de simple fidélité aux intérêts du prolétariat. Les agissements de ces individualistes petit-bourgeois sont d'autant plus dangereux que, comme Verdier, Quinton et autres, ils pénètrent jusque dans les rangs de notre Parti et, se couvrant de son autorité, sans se soumettre à son contrôle, mènent une action profondément démoralisante, opposant les syndicats au Parti et empoisonnant leurs relations mutuelles.

Exploitant pour leurs buts propres l'hospitalité du Parti, ces éléments sont prêts ensuite à quitter ses rangs, puisqu'aussi bien un régime de suite dans les idées, de discipline et de responsabilité, c'est-à-dire le régime du Parti, est intolérable à l'esprit de ces braconniers du mouvement ouvrier.

L'Internationale estime qu'il est du devoir absolu de tous les éléments conscients et d'avant-garde de la classe ouvrière, et avant tout des organes dirigeants du Parti communiste, de combattre sans pitié ce phénomène et ses fauteurs. Le Parti communiste doit être intégralement et complètement débarrassé des frères spirituels de Verdier et de Quinton, s'ils restent encore dans ses rangs.

C'est pourquoi, dès le Congrès de Saint-Etienne, la fraction communiste et son bureau doivent contribuer à découvrir et à démasquer les pseudo-communistes qui considèrent le Parti et les syndicats comme un champ libre, offert à des coteries irresponsables. Ces pseudo-communistes doivent être impitoyablement chassés de nos rangs, afin qu'à l'avenir ils ne puissent plus causer à la classe ouvrière le dommage incalculable qu'ils lui ont causé dans le passé et qu'ils lui causent encore dans le présent.

Etant donné qu'il y a dans les syndicats demeurés affiliés à la C. G. T. des communistes membres du Parti, le Parti a le devoir absolu de conserver avec ces camarades la liaison organique normale.

Les communistes, dans les syndicats réformistes, doivent organiser des noyaux communistes, fonctionnant régulièrement et en liaison étroite avec les organes correspondants du Parti.

Quel que soit le développement des relations entre la C. G. T. et la C. G. T. U., laquelle est et sera soutenue par le Parti dans sa lutte contre les réformistes, les communistes doivent orienter leur action vers la conquête par l'intérieur de tous les organes de la C. G. T.

Le Front Unique

L'Internationale constate que la presse et les organes dirigeants du Parti Communiste français ont informé le Parti de façon complètement inexacte sur le sens et la signification de la tactique du front unique. L'Internationale repousse simplement les jugements superficiels de journalistes qui veulent voir une renaissance du réformisme là où il n'y a qu'un approfondissement des méthodes de lutte contre ce réformisme.

Représenter la Commission des Neuf comme un organe dirigeant supérieur aux trois Internationales, c'est ne rien comprendre à l'esprit et au caractère de l'Internationale Communiste. C'est confondre l'Internationale Communiste avec les organisations purement parlementaires et réformistes, dans lesquelles les délégués et les représentants se placent au-dessus de la masse ouvrière organisée et lui dictent leur volonté. Etant donné le caractère de l'Internationale Communiste et l'esprit de la discipline prolétarienne, les trois délégués envoyés à la Commission des Neuf n'étaient que les exécutants temporaires pour un but défini et sous le contrôle absolu de l'Internationale Communiste.

La page la plus glorieuse de l'histoire du prolétariat français, la Commune de Paris, n'a été autre chose qu'un bloc de toutes les organisations et tendances de la classe ouvrière, groupées contre la bourgeoisie. Si, malgré la réalisation de ce front unique, la Commune a été rapidement écrasée, c'est avant tout parce qu'il ne se trouvait pas, à l'aile gauche de ce front, une organisation véritablement révolutionnaire, disciplinée et décidée, capable, dans le feu des événements, de prendre rapidement la direction.

C'est en ce sens que la Commune a été un gouvernement ouvrier, un bloc des partis et groupements ouvriers opposés à la bourgeoisie. En qualité de gouvernement ouvrier, la Commune a été une étape vers l'établissement du régime socialiste. Il suffira au prolétariat conscient de France de pénétrer l'exemple de la Commune pour trouver dans son passé héroïque tous les arguments nécessaires en faveur de la tactique véritablement révolutionnaire du front unique, avec la revendication d'un gouvernement ouvrier qui en découle.

L'idée du bloc des gauches, dans les conditions actuelles, peut séduire un grand nombre d'ouvriers politiquement peu expérimentés. Le Parti Communiste français doit avoir en vue cette perspective comme un très sérieux danger. Dans toute sa propagande quotidienne, il doit systématiquement opposer à l'idée du bloc des gauches celle du bloc de tous les ouvriers contre la bourgeoisie. Il va de soi qu'au moment des élections, le Parti doit partout prendre position avec des listes communistes indépendantes. Telle est la seule tactique capable, si elle est appliquée avec un esprit de suite dans tous les domaines (économique, politique, etc.), de réduire au minimum le nombre des ouvriers entraînés dans le cercle d'influence du Parti sur les milieux ouvriers non encore touchés par lui.

Le régime de la Presse

Pour élever le niveau politique et doctrinal de la masse des membres du Parti, il est absolument indispensable que la presse dirigeante du Parti rompe définitivement avec les mœurs et coutumes du journalisme bourgeois et mette ses colonnes à la disposition, non pas de tels ou tels journalistes développant leurs tendances personnelles, mais du Parti lui-même, exprimant systématiquement sa pensée et sa volonté par la plume de ses journalistes. Pour cela, il faut que des articles quotidiens, en dehors des éditoriaux actuels, éclairant du point de vue strict des principes les événements de la vie économique et politique intérieure ou internationale, paraissent sans signature, non pas comme l'opinion de tel ou tel individu, mais comme la voix même du Parti. Le Comité Directeur doit, par ses organes compétents, exercer un contrôle et une inspection permanents de la presse, lui donnant des missions déterminées découlant des conjonctures politiques, assurant par là une concordance complète entre l'action de la presse et la sienne propre, soit à l'intérieur du Parti, soit dans toute la lutte politique. En aucun cas, ne peuvent ni ne doivent être publiés comme articles de tête, même avec la signature de leur auteur, des articles critiquant les décisions déjà prises et exécutoires de l'Internationale Communiste ou du Parti français. Si la publication d'articles de ce genre était jugée utile par les organes dirigeants du Parti, pour éclairer définitivement quelque question, ils ne pourraient, en tout cas, être imprimés qu'à titre d'articles de discussion, avec une note précise de la rédaction indiquant la décision déjà prise par le Parti et avec des articles dirigeants défendant énergiquement cette décision.

Le régime des fractions

L'Internationale constate dans le Parti français, outre d'autres symptômes de crise, la renaissance des fractions.

L'extrême-droite du Parti, dont le point de concentration était le *Journal du Peuple*, a pris dans le Parti et dans sa presse une importance absolument hors de proportion avec sa valeur doctrinale et politique. L'absence de mesures décisives contre cette droite de la part du Comité Directeur a conduit fatalement à des essais de renaissance de la fraction de gauche. La lutte entre ces deux fractions devait inévitablement saper la valeur combative du Parti et peut être à l'avenir un danger pour son unité.

L'Internationale exprime sa profonde conviction que, seules, une cohésion parfaite de l'écrasante majorité du Parti contre son infime aile droite et une énergique exécution de toutes les décisions prises par la présente conférence enlèveront tout terrain aux groupements fractionnels.

En même temps, l'Internationale invite énergiquement l'aile gauche, tout en continuant à défendre les principes du communisme révolutionnaire, à ne jamais se constituer en fraction séparée, mais à exercer son action dans le cadre des institutions et des organisations communes du Parti et à collaborer activement avec le noyau central du Parti dans tout le travail pratique, et en particulier dans la lutte contre les déformations réformistes pacifistes et anarcho-syndicalistes.

« L'Internationale » et son Directeur

Le camarade Daniel Renoult, membre du Comité Directeur et directeur du journal du soir l'*Internationale*, a pris une part très active aux travaux de la session de février de l'Exécutif élargi. Dans toutes les questions, sauf celles du front unique, l'Exécutif avait obtenu un accord parfait avec tous les membres de la délégation française, y compris le camarade Renoult.

Dans la question du front unique, le camarade Renoult, qui était rapporteur et qui vota ensuite, avec la délégation française, contre la tactique du front unique, déclara cependant de la façon la plus catégorique et la plus solennelle que les communistes français, en soldats fidèles de la révolution, se soumettraient sans réserves à la résolution prise après ample et loyale discussion.

Les engagements acceptés par la délégation du Comité Directeur sont demeurés inexécutés dans leurs parties les plus essentielles, par suite du peu d'activité et de décision que le Comité Directeur a mis à les appliquer. Cependant, la Conférence voit la cause principale de la non-exécution des décisions prises et de la tension des relations entre l'Internationale et sa section française dans la conduite du journal l'*Internationale* et de son directeur.

En complète contradiction avec les engagements pris et avec sa propre promesse solennelle, le camarade Daniel Renoult, au lieu d'expliquer les décisions et de demander leur exécution unanime, a entrepris une campagne acharnée contre la tactique du front unique et contre la politique de l'Internationale Communiste en général. Non content de cette polémique de presse, le camarade Daniel Renoult, prenant la parole dans des assemblées aussi influentes que le Congrès de la Fédération de la Seine, a invité à voter démonstrativement contre la politique du front unique.

Constatant que le camarade Daniel Renoult a violé manifestement ses devoirs de membre de l'Internationale Communiste et a foulé aux pieds les engagements acceptés et solennellement proclamés par lui-même, la Conférence prononce contre le camarade Daniel Renoult, comme délégué du Parti français à Moscou et comme directeur de l'*Internationale*, un blâme.

En même temps, l'Internationale invite le Comité Directeur et son secrétaire général à prendre toutes mesures pour que, dans les mois restant jusqu'au Congrès du Parti, le journal *l'Internationale* devienne un instrument servant à la mise en pratique effective des décisions de l'Internationale Communiste.

L'affaire Fabre

L'exclusion de Fabre et de son journal est une étape de la lutte contre cet esprit de bohême intellectuelle anarcho-journalistique qui, particulièrement en France, prend successivement toutes les formes, toutes les couleurs de l'anarchisme et de l'opportunisme, et finit inévitablement par un coup de couteau dans le dos de la classe ouvrière. De cette officine sont sortis les Briand, les Hervé, et des centaines d'autres. L'Internationale compte fermement que le Comité Directeur et la presse du Parti expliqueront aux masses ouvrières la signification politique de l'exclusion de Fabre. A cette condition seulement, la mesure prise sera une sentence de mort pour le fabrisme du Parti et assurera à l'opinion communiste l'élasticité révolutionnaire nécessaire pour que les chercheurs d'aventures du journalisme soient toujours automatiquement et sans difficultés éliminés du Parti.

Le prochain Congrès du Parti

La préparation du prochain Congrès du Parti doit être une campagne pour la consolidation doctrinale et organique du Parti français, contre toutes les tendances du pacifisme petit-bourgeois, de l'anarcho-syndicalisme, du révolutionnarisme de paroles, contre les théories subordonnant l'action du prolétariat à la volonté ou à la maturité de la classe paysanne et falsifiant par là même le caractère de classe du Parti, etc. Etant donné que les diverses tendances ont déjà apporté un trouble extrême dans la conscience du Parti, la presse communiste doit faire la clarté sur toutes ces questions en rappelant à la mémoire de ses membres les résolutions correspondantes de l'Internationale Communiste, en particulier les vingt et une conditions d'adhésion à l'Internationale. Toutes ces décisions doivent être éclairées ou illustrées par les exemples des manifestations littéraires et politiques manifestement imcompatibles avec ces résolutions que se sont permis plusieurs militants responsables.

La date du Congrès devra être fixée d'un commun accord entre le Comité Directeur et l'Exécutif.

Manifeste du Comité Directeur

Etant donné la nécessité d'une modification radicale dans la politique intérieure du Parti français, résultat qui ne peut être obtenu qu'avec la collaboration consciente de l'énorme majorité de ses membres, l'Internationale estime désirable que le Comité Directeur adresse à tout le Parti un manifeste solennel dans lequel il exposera la nature des décisions prises par la présente conférence pour ouvrir une ère nouvelle dans la vie du Parti Communiste français.

Avant le vote, le citoyen Frossard, au nom de la majorité du Parti, fit la déclaration suivante, qui fixe l'attitude de la majorité au regard des résolutions de l'Exécutif élargi (adoptées à l'unanimité moins la voix de la majorité française) :

Je demande à faire, avant le vote, au nom de la majorité de mon Parti, une courte déclaration.

La question française a longuement retenu l'attention de la Conférence. Elle a été examinée, je dois le reconnaître, dans l'esprit le plus cordial et le plus fraternel.

De notre côté, nous avons, dès le premier jour, manifesté notre désir de rechercher, avec l'Internationale, les solutions de nature à permettre au Parti de sortir rapidement de l'état de crise dans lequel il se trouve.

C'est dans ce but que nous avons collaboré au sein de la commission chargée de préparer le règlement de la question française. Notre camarade Trotsky, au nom de cette commission, a soumis à la Conférence un nombre important de résolutions.

Je dois dire d'abord qu'elles nous apparaissent, dans l'ensemble et d'un point de vue général, de nature à assurer au Parti des points d'appui importants pour sa formation et son développement ultérieurs.

Il en est un certain nombre que nous acceptons sans réserve dans le fond et dans la forme. Ce sont celles qui concernent l'objet principal du prochain Congrès, « d'adopter un programme, une tactique, un règlement intérieur répondant parfaitement au rôle du Parti, celles qui concernent la structure du Parti, le rôle du Comité Directeur, la revision du règlement de la Fédération de la Seine, le régime de la presse, la discipline du Parti et la nécessité pour le Comité Directeur d'informer le Parti, dans un manifeste solennel, de la nature des décisions prises par la présente Conférence pour ouvrir une ère nouvelle dans la vie du Parti Communiste français ».

Nous acceptons au fond, dans ses dispositions pratiques, la première partie de la résolution qui est proposée sur la question syndicale, et nous regrettons qu'elle ait été personnalisée de telle façon qu'il ne nous soit pas possible de donner à la fois notre adhésion au fond et à la forme.

Nous ne pouvons retenir, et la Conférence le comprendra, les résolutions qui examinent et qui critiquent l'activité d'hier du Parti et de son Comité Directeur.

J'ai indiqué, au début de la séance de ce soir, les raisons pour lesquelles, sur la question du front unique, liés d'ailleurs par notre mandat, il nous paraissait impossible de nous déjuger.

Mais nous devons surtout protester de la façon la plus vigoureuse contre la résolution qui blâme notre camarade Daniel Renoult. Nous qui connaissons Daniel Renoult, qui sommes unis à lui par les liens étroits d'une longue activité commune, qui avons pu apprécier toute la probité de son esprit et la droiture de son caractère, nous savons que dans l'activité qu'il a déployée au cours de ces dernières semaines, il n'a pas eu d'autres préoccupations que de servir les intérêts du Parti et les intérêts de l'Internationale, qui se confondent.

On lui reproche de n'avoir pas tenu les engagements qu'il a pris à la Conférence de février de l'Exécutif élargi. Nous avons été témoins, nous, les représentants de la majorité du Parti français, des efforts qu'il a faits à son retour pour assurer au Comité Directeur l'exécution loyale des engagements qui ont été pris. La Conférence de Berlin est intervenue. L'attitude de Renoult, pour des raisons que j'ai indiquées dans ma seconde intervention, s'est trouvée modifiée, et il a entamé une polémique dont la vivacité s'explique seulement par sa sincérité passionnée, et je veux tout de suite dire que Renoult a exprimé, dans l'ensemble, l'opinion de la grande majorité de mon Parti.

Si l'Internationale pense que Renoult doit être blâmé, nous qui sommes avec lui au Comité Directeur du Parti, qui partageons avec lui la responsabilité de la direction du Parti, qui avons, comme lui, participé à la campagne qui a été menée sur cette question si controversée du front unique, nous nous sentons atteints par le blâme qui vise notre camarade Daniel Renoult, et nous ne pouvons, en aucune façon, nous y associer.

Ainsi, nous sommes obligés, sur un certain nombre de questions, de maintenir notre opposition jusqu'au vote.

Mais nous sommes sans illusions, nous savons que les propositions rapportées par la Commission vont recueillir l'adhésion quasi unanime de la Conférence.

Nous tenons à proclamer tout de suite, de la façon la plus nette, que les propositions ratifiées, nous nous inclinerons, mais je veux dire dans quel esprit.

Nous nous inclinons, non par une sorte d'automatisme de discipline, non parce qu'il y a dans les Statuts de l'Internationale Communiste une disposition qui donne aux décisions de l'Exécutif pouvoir de lois dans l'Internationale et dans l'intervalle des Congrès, nous nous inclinons parce que nous savons que l'autorité de l'Internationale, cette autorité qui résulte à la fois de ses directions doctrinales et de son expérience révolutionnaire, ne peut s'exercer, quelles que soient nos réserves d'à présent, que d'une façon bienfaisante à l'égard de tous les partis, le Parti français y compris.

C'est donc pour ces raisons et dans cet esprit que la délégation de la majorité du Parti français s'engage à rapporter au Parti les résolutions qui vont être prises, à les expliquer, à les commenter, à les défendre, à faire en sorte que, dans le plus court délai, elles soient pourvues de leur sanction pratique, et j'espère, vous me permettrez de finir par là, qu'au IVᵉ Congrès de l'Internationale Communiste, ce ne sera pas la question française qui retiendra l'attention de l'Internationale.

La décision de l'Exécutif le concernant provoqua la démission du citoyen Renoult de ses fonctions de directeur de l'*Internationale*. Il l'adressa au Comité Directeur par lettre en date du 22 juin. Nous reproduisons les parties essentielles des documents relatifs à cette démission :

Lettre de Daniel Renoult au Comité Directeur

J'ai le devoir de vous rappeler dès aujourd'hui, mes chers camarades, que depuis le Congrès de Marseille, qui nous a élus, j'ai voté avec la majorité de notre Comité.

J'ai le devoir de vous rappeler qu'à la conférence de l'Exécutif élargi à Moscou, ou au Conseil national, je ne suis intervenu que pour exécuter un mandat que vous m'aviez confié.

J'ai le devoir de vous rappeler qu'au Conseil national, — Frossard et Ker qui ont voté comme moi la motion de la majorité ne me démentiront pas — mon rôle fut de chercher et de trouver le terrain de conciliation entre le texte du Comité directeur et ceux que présentaient les adversaires les plus intransigeants du front unique.

J'ai le devoir de rappeler qu'à la Fédération de la Seine je n'intervins qu'avec le mandat du Comité directeur ou avec celui de la majorité de la Commission fédérale des résolutions.

J'ai le devoir de rappeler que, dans la dernière assemblée fédérale de la Seine, nous présentâmes, mes amis et moi, une résolution qui réclamait la *revision* des thèses de l'Exécutif de décembre et indiquait les moyens pratiques de réaliser, sur le terrain même de la lutte ouvrière, dans les usines, dans les ateliers et *par en bas*, selon la formule d'un récent manifeste de l'Internationale, le groupement de tous les travailleurs pour l'action.

. . . .

Il est un reproche de l'Exécutif auquel je crois que ceux-là même d'entre vous qui ne pensent pas comme moi comprendront que je sois particulièrement sensible. C'est celui qui met en cause ma bonne foi.

L'Exécutif dit que j'ai manqué aux engagements pris par moi-même à la Conférence de Moscou.

Or, vous m'aviez chargé vous-mêmes de faire appel, en votre nom, au IVe Congrès Mondial. Je me suis acquitté de cette tâche et l'Exécutif qui m'a entendu n'a rien dit. Il était clair pourtant que le Parti, qui interjetait ainsi appel des décisions de l'Exécutif, considérait que la question n'était pas jugée et que la discussion devait continuer.

Nous avons pris (Marcel Cachin fut notre interprète) un engagement de discipline *pour l'action* que l'Internationale pouvait entreprendre en suite des décisions de la Conférence de février. Cet engagement, j'estime l'avoir tenu comme les autres, relatifs à l'affaire Fabre ou aux réintégrations, en insistant pour que le Comité Directeur autorisât Frossard à se rendre à Berlin pour la réunion des trois internationales. Nos procès-verbaux sont là pour prouver que cette insistance ne fut pas inutile.

Quant au journal *L'Internationale*, dont vous m'avez fait l'honneur de me confier la direction, la résolution de l'Exécutif formule une critique sévère, mais qui ne précise rien. Je veux seulement constater que toutes les campagnes menées par *l'Humanité* ont été suivies parallèlement dans notre journal du soir.

J'ai donc la conviction de ne mériter aucunement les reproches qui me sont adressés. Notre camarade Frossard l'a déjà proclamé devant l'Exécutif même, rétablissant les faits avec une parfaite loyauté et affirmant que j'avais simplement exprimé la pensée du Parti. Je le remercie de ce précieux témoignage; mais la résolution qui me concerne est trop grave, elle vient de trop haut pour que j'hésite à la faire suivre des décisions qu'elle me commande naturellement.

Je vous adresse donc, par cette lettre que vous voudrez bien porter à la connaissance du Parti, ma démission de directeur de *l'Internationale* et de membre du Comité Directeur.

Croyez, chers camarades, à mon dévouement communiste.

Daniel RENOULT.

Résolutions du Comité Directeur

Après lecture de cette lettre et discussion, le Comité Directeur a voté les résolutions suivantes :

RESOLUTION I

Le Comité Directeur, saisi du blâme voté par la Conférence de l'Exécutif élargi, au camarade Daniel Renoult, directeur de *l'Internationale*, tient à constater que ce blâme s'adresse en réalité à la majorité du Parti dont Daniel Renoult dans la discussion sur le front unique a fidèlement interprété l'opinion.

Solidaire de l'action de Renoult, c'est la majorité du Parti qui doit en supporter avec lui les conséquences que dans sa souveraineté l'Internationale a cru devoir tirer. C'est pourquoi le Comité Directeur fait sienne les déclarations par lesquelles au sein de l'Exécutif élargi le camarade Frossard a protesté contre la résolution blâmant Renoult. Il en rappelle le texte ainsi conçu:

« Nous qui connaissons Renoult, qui sommes unis à lui par les liens étroits d'une longue activité commune, qui avons pu apprécier toute la probité de son esprit et la droiture de son caractère, nous savons que dans l'activité qu'il a déployée au cours de ces dernières semaines, il n'a pas eu d'autres préoccupations que de servir les intérêts du Parti et les intérêts de l'Internationale qui se confondent. On lui reproche de n'avoir pas tenu les engagements qu'il a pris à la conférence de février de l'Exécutif élargi. Nous avons été témoins des efforts qu'il a faits à son retour pour assurer au Comité Directeur l'exécution loyale de ses engagements. La conférence de Berlin est intervenue. L'attitude de Renoult, pour des raisons déjà indiquées dans une autre intervention, s'est trouvée modifiée et il a entamé une polémique dont la vivacité s'explique seulement par sa sincérité passionnée, exprimant d'ailleurs dans l'ensemble, l'opinion de la grande majorité du Parti. Si l'Internationale pense que Renoult doit être blâmé, nous qui sommes avec lui au Comité Directeur du Parti, nous qui avons comme lui participé à la campagne menée sur cette question si controversée du front unique, nous nous sentons atteints par le blâme qui vise notre camarade Daniel Renoult et nous ne pouvons en aucune façon nous y associer. »

Le Comité Directeur estime donc que le blâme adressé à Renoult s'applique collectivement à la majorité du Parti.

ONT VOTE POUR : Auclair, Jules Blanc, Cartier, Cachin, Dondicol, Dormoy, Ferdinand Faure, Frossard, Garchery, Gourdeaux, Ker, Paul Louis, Victor Méric, Georges Pioch, Georges Lévy, Paquereaux, Renaud Jean, Servantier, Soutif.

ONT VOTE CONTRE : Marthe Bigot, Louise Bodin, Lucie Colliard, Dunois, Tommasi, Treint, Vaillant-Couturier.

Le camarade Raoul Verfeuil présenta une autre motion se solidarisant également avec le camarade Daniel Renoult.

RESOLUTION II

D'autre part, la citoyenne Marthe Bigot présenta la motion suivante qui fut adoptée à l'unanimité :

Le Comité Directeur enregistre la décision de l'Exécutif

élargi concernant Daniel Renoult et l'*Internationale*. Il estime que cette décision ne doit pas entraîner la démission du camarade Renoult des organismes dirigeants du Parti. Il lui demande de retirer la démission qu'il a donnée de membre du Comité Directeur et de directeur de l'*Internationale* et il l'invite à reprendre les deux fonctions dont il a été investi par le Parti.

Réponse de Daniel Renoult

A la séance du 1ᵉʳ juillet, le camarade Frossard donne lecture de la lettre suivante :

Paris, ce 1ᵉʳ juillet 1922.

Mon cher Frossard,

Devant les déclarations de la majorité et de la minorité du Comité Directeur que tu m'as transmises, j'accepte après mûre réflexion, de reprendre les deux démissions que j'avais dû t'adresser.

Je remercie les camarades de la majorité, comme je t'ai remercié toi-même, pour avoir dit la vérité, à savoir que je ne me suis signalé par aucune politique ou action d'ordre personnel, mais que j'ai seulement exprimé, presque toujours avec des mandats formels, la pensée de la majorité du Parti.

Je remercie notre camarade Marthe Bigot et ses amis qui, de leur côté, ont bien voulu me demander de rester aux postes où m'a placé la confiance du Parti.

Bien amicalement à toi.

Daniel RENOULT.

IV. — Nos rapports avec l'Exécutif depuis

Pendant le mois de juillet, le Présidium a consacré son attention aux affaires françaises, tant pour examiner la situation qui résulte du Congrès de Saint-Etienne qu'en ce qui concerne l'accueil fait en général dans le Parti à la politique et aux résolutions de l'Exécutif élargi.

De plus, l'Exécutif du 23 juin, ayant demandé l'exclusion de Verfeuil, le C. D. avait répondu en exposant les engagements pris par Verfeuil et en demandant à l'Exécutif de ne pas confirmer sa résolution.

Lors d'une première séance en date du 14 juillet, il apparut au Présidium que le Congrès fédéral de la Seine, annoncé pour le 23 juillet, se tiendrait dans des conditions d'impréparation préjudiciables aux problèmes qui y seront traités. Aussi, fut-il décidé de prier la Fédération de la Seine de reporter, si possible, son Congrès à quinze jours plus tard, afin que la lettre de l'Exécutif pût être connue dans les sections.

Une deuxième séance eut lieu où intervinrent Clara Zetkin, Leiciague, Zinoviev, Souvarine, Rappoport, Brandler. Une commission, composée de Trotski, Zinoviev, Clara Zetkin, Jordania (Parti bulgare) et de la délégation française, fut chargée de présenter une résolution adressée au Comité Directeur et qui concernait les points suivants :

Application de l'article 9.
Cas Verfeuil, Lafont, Mayoux.
Régime de la presse.
Congrès National du 8 octobre.
Fédération de la Seine.

En réponse à cette résolution, le C. D. a pris une série de décisions publiées dans l'*Humanité* du 13 août et mentionnées d'autre part dans le rapport du secrétaire général.

En vue du 4e Congrès mondial qui doit s'ouvrir à Moscou le 7 novembre 1922, l'Exécutif a prié le Comité Directeur de nommer une commission chargée d'étudier le programme du Parti. Le secrétaire de cette commission est en contact avec une commission de l'Exécutif chargée d'un travail similaire pour l'Internationale Communiste.

L'Exécutif a estimé à 20 (y compris la représentation des Jeunesses et des Femmes) le nombre des délégués du Parti français.

L'ordre du jour du 4e Congrès est ainsi fixé :

I. — Rapport de l'Exécutif.
II. — Tactique de l'Internationale Communiste.

IIII. — Programme de l'Internationale Communiste et de ses sections les plus importantes.
IV. — Question agraire.
V. — Question syndicale.
VI. — Education.
VII. — Jeunesse Internationale.
VIII. — Question d'Orient.

Depuis la fin de l'année dernière, une *section coopérative* a été organisée auprès de l'Internationale Communiste, conformément aux décisions du troisième Congrès. Au moyen de questionnaires, cette section s'est renseignée sur la manière dont les communistes travaillent dans les différents pays.

Pour créer le lien indipensable entre les coopérateurs communistes, une conférence internationale aura lieu une semaine avant l'ouverture du 4° Congrès. L'édition d'une revue internationale coopérative est en ce moment à l'étude.

La *question agraire* aura une grande importance au Congrès mondial puisqu'elle figure à l'ordre du jour et qu'elle fera en outre l'objet d'une conférence spéciale. De plus, une commission agraire joue le rôle d'organe permanent de liaison internationale. En vue des travaux du 4° Congrès, notre camarade *Renaud Jean* a fourni à l'Exécutif un très remarquable travail de statistique et de documentation.

L'édition française de la revue l'*Internationale Communiste* sera publiée dorénavant en France par les soins du Parti.

L'Exécutif élargi de février a décidé, en outre, la publication d'un annuaire mondial dont la direction est confiée à notre camarade Varga. L'édition française est en cours d'impression.

Au cours de cette année, l'Exécutif a lancé différents appels ou manifestes; voici la liste de ceux qui sont parus dans l'*Humanité* ou dans le *Bulletin Communiste* depuis le 1ᵉʳ janvier :

Appel du Prolétariat Mondial à l'occasion de l'ouverture de la Conférence de Gênes et pour la manifestation du 1ᵉʳ Mai.

Appel pour le front unique, confirmant les conventions de Berlin.

Manifeste pour Victor Kingissep, leader du mouvement communiste esthonien, fusillé au lendemain de la manifestation du 1ᵉʳ Mai.

Manifeste de la délégation communiste au Comité des Neuf contre le sabotage du front unique et pour la convocation immédiate d'un congrès international.

Appel de l'Internationale Communiste pour la libération de l'Algérie et de la Tunisie.

Appel aux travailleurs de tous les pays à propos des enseignements de la Conférence de Gênes.

Appel de l'Exécutif à l'occasion de la deuxième semaine internationale des enfants.

Manifeste contre la paix de Versailles.

Appel à propos du procès des socialistes révolutionnaires.

Manifeste contre la Terreur Blanche en Pologne, Roumanie et Yougo-Slavie.

Appel aux Comités centraux : les Femmes et le front unique.

Message à la Fédération de la Seine.

Manifeste aux travailleurs après la Conférence de La Haye. Le Prétexte : Reconstruction de l'Europe. La Réalité : l'étranglement des Soviets.

Le Poalé Sion et l'Internationale. Appel aux travailleurs de tous les pays et au prolétariat juif.

La situation en Allemagne.

La question de la *Famine* a fait l'objet d'un appel du Comité ouvrier de secours aux Comités centraux et d'une réunion spéciale tenue à Berlin en juillet.

La Conférence de Berlin et la Commission des Neuf

En vertu de la décision prise par l'Exécutif élargi, l'Internationale Communiste se fit représenter à la Conférence Internationale de Berlin, qui siégea du 1er au 5 mai. La délégation communiste comprenait, entre autres : Radek, Boukharine, Clara Zetkin, Frossard.

Adler, en ouvrant le débat, déclara : « La Conférence n'est qu'une première tentative en vue de s'entendre pour une action commune dans certaines questions d'ordre général.

Clara Zetkin lut, au nom de l'Internationale Communiste, une déclaration initiale :

Pour la première fois, depuis juillet 1914 et depuis la faillite de la II° Internationale, les représentants de tous les partis du mouvement ouvrier se trouvent à nouveau réunis dans une conférence.

Tant que la classe ouvrière ne se sera pas réunie dans la lutte commune, tant qu'elle n'aura pas renoncé à toutes les coalitions avec les capitalistes, la division actuelle subsistera, et c'est là que le capitalisme puise la majeure partie de sa force. La bourgeoisie mondiale n'a pas encore perdu l'espoir de recouvrer les frais de la guerre, en aggravant l'exploitation du prolétariat allemand et en pénétrant pacifiquement la Russie soviétique ainsi qu'en alourdissant l'asservissement des peuples coloniaux.

Cette situation met le prolétariat devant des décisions très graves.

. . . .

L'Internationale Communiste a lancé le mot d'ordre du front unique du prolétariat contre la bourgeoisie et a accueilli avec satisfaction l'initiative de l'Union de Vienne convoquant une conférence ouvrière internationale. Elle voit dans cette conférence un instrument de la coordination des luttes ouvrières futures. Pour que cette conférence soit couronnée de succès, l'Internationale Commu-

niste demande qu'y soient invitées toutes les organisations syndicales de la classe ouvrière.

* * * * * * * * * *

*Nous proposons que soient invitées : l'Internationale
Syndicale d'Amsterdam, l'Internationale Syndicale Rouge,
ainsi que les organisations syndicales non comprises
dans ces Internationales, la Fédération Américaine du
Travail et quelques syndicats indépendants.*

La déclaration propose de fixer comme il suit l'ordre
du jour:

1° Défense contre l'offensive capitaliste.

2° Lutte contre la réaction.

3° Préparation de la lutte, contre de nouvelles guerres
impérialistes.

4° Aide à la République soviétique.

5° Traité de Versailles et reconstruction des régions
dévastées.

Cette conférence mondiale devait donc avoir pour
objectif d'obliger la diplomatie européenne à s'occuper de 'a journée de huit heures, du chômage et
d'autres problèmes intéressant le prolétariat.

Vandervelde intervint pour défendre le Traité de
Versailles. *Radek* se chargea de lui répliquer :

Nous voulons essayer d'agir en commun, non par sym-
pathie pour vous, mais en raison de la grande misère
du prolétariat qui vous oblige à traiter dans cette salle
avec les communistes que vous avez qualifiés de crimi-
nels.

* * * * * * * * * *

Permettez-moi de quitter le terrain de la polémique et
de poser la question telle qu'elle est : D'accord avec l'Internationale de Vienne, nous avons proposé de convoquer
une conférence en vue de préparer une action commune.
Nous avons pensé que les débats sur nos différends et
sur nos différentes méthodes ne seraient pas favorables
à l'action. Si les antagonismes peuvent s'atténuer, ce ne
peut être que dans la lutte commune qui contribuerait
à rapprocher les divers partis du prolétariat. Si vous voulez saboter la Conférence de l'action et avoir une Conférence de discussion, vous donnez au prolétariat des pier-
res au lieu de pain.

* * * * * * * * * * * *

Pour résumer, nous proposons une conférence d'action qui se poserait les questions suivantes: Qu'allons-nous faire au moment où le capital se rallie, non pour reconstruire le monde, mais pour le piller, afin de permettre aux exploiteurs de restaurer leur pouvoir? Que ferons-nous contre le chômage, contre les lock-outs réactionnaires? Voilà notre programme. Si vous voulez discuter là-dessus, nous sommes prêts. Cependant, pour calmer la sentimentalité du citoyen Vandervelde, qui a si bien réprimé l'activisme en Belgique, et pour calmer l'âme délicate du citoyen Wells en ce qui concerne le sort des socialistes-révolutionnaires inculpés à Moscou, nous leur disons: « Montrez-vous meilleurs que nous; proposez-nous l'échange des terroristes contre-révolutionnaires russes que vous avez sanctifiés, contre les militants de la République des Soviets de Bavière et contre les militants de l'action de mars! »

A la dernière séance, *Adler* rapporta les résultats au nom des délégations des trois Exécutifs.

« Le travail a été difficile, dit le rapport, et plusieurs fois près d'échouer, mais nous sommes arrivés à un accord dans une mesure plus grande que nous n'avions espéré au début. Nous avons réussi à formuler la déclaration commune des trois Internationales. Nous avons élaboré un programme qui peut réunir les forces du prolétariat et peut être considéré comme la volonté commune des troix Exécutifs. Cette volonté commune existe, à savoir : réunir les forces du prolétariat pour des actions communes. »

La déclaration constatait que, « si désirable que soit l'unification de l'organisation de classe du prolétariat, il ne saurait être question, dans le moment actuel, que de délibérations en commun en vue d'actions communes pour des buts concrets, de toutes les tendances représentées à la conférence ».

La conférence proposait en conséquence :

Que les Exécutifs donnent leur assentiment à la constitution d'un Comité organisateur de neuf membres, ayant pour mandat d'organiser la préparation de nouvelles conférences des trois Exécutifs ainsi que des conférences

*élargies où seront invités des partis n'appartenant à au-
cune des trois organisations internationales. Chaque Exécutif reste libre de désigner à sa volonté les personnes
chargées de le représenter pour les trois mandats à lui
attribués. Dans ce Comité organisateur, aucune décision
ne peut être prise à la majorité; il a mission d'exprimer
les points de vue communs des trois Exécutifs dans la
mesure où ils se présentent au moment donné.*

La conférence prenait acte de la déclaration de la
Deuxième Internationale dont les représentants
avaient refusé l'organisation d'une conférence générale au mois d'avril, pendant la tenue de la Conférence de Gênes. En conséquence, la conférence invi-
tait les travailleurs de tous les pays à organiser pour
le 20 avril ou le 1er mai de puissantes démonstrations de masses pour les buts suivants :

Pour la journée de huit heures;
*Pour combattre le chômage infiniment accru par la
politique des réparations des puissances capitalistes;*
*Pour l'unité d'action du prolétariat contre l'offen-
sive capitaliste;*
*Pour la Révolution russe, pour la Russie affamée,
pour la reprise des relations politiques et économiques de tous les Etats avec la Russie des Soviets;*
*Pour la reconstitution du front unique du proléta-
riat dans chaque pays et dans l'Internationale.*

La délégation communiste remit au procès-verbal
une déclaration particulière disant qu'elle avait con-
senti à signer la déclaration commune non sans de
graves hésitations, causées surtout par le refus de la
Deuxième Internationale d'admettre comme mot d'ordre la suppression du Traité de Versailles, et les résistances de cette même Internationale au projet de
la conférence mondiale ouvrière.

Rupture de la Commission des Neuf

La Commission des Neuf, instituée par la Conférence de Berlin, fut convoquée pour le 23 mai. La
Troisième Internationale était représentée par : Ra-

dek, Clara Zetkin et Heckert, suppléant de Frossard.

Radek se plaignit que le Gouvernement allemand, où siègent des social-démocrates, lui ait fait des difficultés dans sa propagande en faveur du congrès ouvrier mondial.

Mac Donald, au nom de la Deuxième Internationale, attaqua vivement l'Internationale Communiste et déclara que la Deuxième ne continuerait plus à participer au front unique et se refusait à convoquer le congrès ouvrier mondial. *Radek* lut alors, au nom des délégués de la Troisième Internationale, une déclaration accusant la Deuxième d'avoir saboté le front unique. Puis la délégation communiste lança au prolétariat un manifeste sous ce titre :

La Commission des Neuf est brisée par la Deuxième Internationale.

Nos rapports avec les autres Partis Communistes

Des efforts continus ont été faits pour améliorer la liaison avec nos Partis frères et tout spécialement avec les Partis italien et allemand. C'est avec ce dernier que nos rapports sont les plus réguliers et les plus fréquents.

Le 13 janvier dernier, une conférence commune réunissait les représentants des Partis allemand, français, italien et luxembourgeois, ainsi qu'une délégation de l'Exécutif comprenant notre camarade Radek. Cette conférence examina le problème des réparations et prit les décisions suivantes :

1° Établissement, entre les Partis français et allemand, d'une liaison plus étroite au moyen de délégations fréquentes, de participation à des meetings organisés en commun, et d'une représentation réciproque permanente auprès de chaque Comité Directeur.

2° Tenue à une date ultérieure d'une nouvelle conférence chargée de poursuivre l'étude du problème des réparations ainsi que de toutes les questions qui intéressent les deux prolétariats.

3° Publication d'un manifeste adressé aux travailleurs de France et d'Allemagne, et qui se terminait par cet appel :

Travailleurs de France et d'Allemagne ! Reconstruction sur la base du capitalisme ou sur celle du communisme, voilà la grande question historique qui se pose. La solution de cette question déterminera la destinée des travailleurs du monde, le sort de l'humanité.

Dans la lutte décisive qui a commencé, les exploités et déshérités d'Allemagne et de France doivent s'unir en fraternelle solidarité avec le prolétariat de la Russie soviétiste, avec les travailleurs de tous les pays.

En avant à la lutte, dans laquelle vous guidera la bannière de la Troisième Internationale.

En avant pour la conquête du pouvoir politique, pour vaincre le capitalisme, pour la révolution mondiale !

A ce manifeste était annexé un programme de revendications immédiates tiré d'un projet de thèses de l'Exécutif sur les réparations (ce manifeste a été publié par le *Bulletin Communiste* du 7 février).

Au cours de cette année, un certain nombre de missions ont été remplies par des délégués du Parti : *Cachin* a parlé à Berlin le 29 janvier devant plus de 10.000 travailleurs. *Delhay* a participé aux manifestations internationales qui ont eu lieu à Essen, Dusseldorf, Cologne, Remscheid, Hagen, du 22 au 25 avril. *Verfeuil* a été délégué au Conseil National tenu en mai. *Treint* a pris la parole en août dans une série de meetings organisés à Berlin, Halle, Leipzig, Hambourg et autres grandes villes allemandes.

En mai dernier, lors du passage à Berlin de Frossard, Bordiga et Semeral, ces camarades eurent un entretien avec le bureau politique du Parti Communiste allemand. Il fut convenu de réunir une conférence commune pour examiner les conditions dans lesquelles les communistes travaillent au sein des organisations syndicales en France, en Italie, en Allemagne et en Tchéco-Slovaquie. Le bureau du Parti ratifia cette proposition à condition que la conférence ait le caractère d'un échange de vues. Cette réunion, fixée au 26 juin, a été ajournée sur notre demande.

Enfin, la gravité de la situation générale créée par le problème des réparations, les rapports franco-allemands actuels et la rupture de la Conférence de Londres nous ont amenés à proposer au Parti allemand une nouvelle réunion mixte, qui aura lieu à Cologne le jeudi 24 août. Notre Parti sera représenté par Cachin, Renoult, Souvarine et Ker, qui recevront leurs instructions et leur mandat du Bureau Exécutif.

Les conjonctures internationales, la position critique des gouvernements, la profonde misère des ouvriers allemands, la croissance du Parti Communiste d'Allemagne, sa pratique de l'Unité de Front, nous font un devoir d'entretenir avec lui un contact dont nous pouvons tirer les enseignements les plus précieux. Aussi, les deux Comités Directeurs ont-il pris toutes les mesures pour assurer une représentation réciproque entre les deux partis.

Le camarade *Tommasi* a représenté le Parti au Congrès du Parti Communiste italien, qui s'est ouvert le 20 mars, à Rome. Par contre, il nous a été impossible d'assurer des délégations aux Congrès des Partis Communistes autrichien, britannique, suisse, bulgare.

L'attention du Comité Directeur a été, à diverses reprises, appelée sur la Terreur Blanche qui sévit dans les pays de l'Europe Centrale et des Balkans, Pologne, Yougo-Slavie, Roumanie, Hongrie. La politique de réaction de ces vassaux de l'Entente étant inspirée ou encouragée par le Bloc National, notre Parti supporte de ce fait des responsabilités particulières vis-à-vis des communistes de ces pays. Quand le Gouvernement français a livré au Gouvernement espagnol les révolutionnaires Fort et Concepcion, le Comité Directeur, dans sa séance du 28 février, a voté un ordre du jour de protestation contre cette violation cynique du droit d'asile.

CHAPITRE III

CONCLUSION

Nous avons essayé de donner en peu de lignes un résumé fidèle de la vie du Parti depuis le Congrès de Marseille. On trouvera dans ce rapport des documents et des chiffres. Nous ne les commenterons pas. Il appartient au Congrès du Parti lui-même d'en tirer les enseignements.

Il va se trouver en présence d'une situation difficile. Nous traversons une crise grave, mais qui, nous l'avons dit souvent, peut n'être qu'une crise de croissance. Dans un pays comme le nôtre, un Parti de 80.000 adhérents est une grande force politique. S'il sait se discipliner, clarifier sa pensée, ordonner son action, réajuster ses méthodes de propagande, une ère de prospérité s'ouvrira devant lui. Le Congrès de Paris, en ce sens, sera décisif. Nous espérons qu'il se montrera à la hauteur de sa tâche.

Le secrétaire général du Parti, au moment où s'achève sa quatrième année de mandat, formule le vœu que l'unité communiste reçoive du Congrès le lien d'un ciment désormais indestructible. Résolu à rentrer dans le rang, *il croit devoir informer le Parti, au terme de ce rapport, qu'il n'acceptera pas le renouvellement de son mandat.* Il a donné à l'organisation communiste toute son activité, tout son temps, et dans l'exercice de ses fonctions, souvent délicates et toujours absorbantes, la confiance unanime du Parti l'a soutenu. Il éprouve à le constater une grande joie.

Mais il pense qu'aux postes les plus responsables, les militants doivent de temps en temps passer la main pour reprendre avec la masse un contact plus étroit.

Où qu'ils se trouvent, ils serviront d'ailleurs utilement le communisme. C'est dans cet esprit que le secrétaire général remet au Congrès la charge qu'il a reçue en 1918, lorsque le socialisme français s'est libéré de l'Union sacrée et qui lui a permis, en 1920, de contribuer, dans la modeste mesure de ses moyens, à l'adhésion du Parti à la Troisième Internationale.

Le Secrétaire général du Parti,
L.-O. Frossard.

ANNEXE I

Elections Cantonales des 14 et 21 Mai 1922

RÉSULTATS DÉTAILLÉS

Nombre de Fédérations ayant engagé la lutte.	63
Nombre de candidats.....................	477
Elus au Conseil Général................	30
Elus au Conseil d'arrondissement...........	25
Total des voix obtenues....................	369.047

Nous donnons le résultat des élections tels qu'ils nous ont été fournis par les fédérations ou par les moyens d'information dont dispose le Secrétariat. Ils sont parfois incomplets. Ils peuvent être parfois inexacts. La faute en est aux fédérations qui n'ont pas cru devoir documenter à temps le centre, malgré ses demandes réitérées.

AIN

Conseil Général

Bourg.....	Bernard................	451	voix
Oyonnax..	A. Nicollet.............	1.205	—
Ambérieu.	Midol	335	—
Châtillon..	Foy....................	453	—
		2.444	—

AISNE

Saint-Quentin...	Arthur Huftier...		1.097	voix
Hirson..........	Marissal..........		413	—
Guise...........	Marty............		770	—
Soissons........	Denizot........ ..		373	—
Villers-Cotterets.	{ Warroquier.	330 }	326	—
	{ Ledent.....	323 }		
			2.985	—

BASSES-ALPES
Conseil Général

Forcalquier..	Alliaud............	991 voix	Elu
Riez.........	Dr Gardial.........	656 —	

Conseil d'Arrondissement

Seyne........	Turrel	410 —	Elu
—	Roche............	514 —	
		2.571 —	

ALPES-MARITIMES
(Pas de candidats)

Nice	Marty, 648 voix (au total dans 4 cantons)............	1.737 voix	
Cannes.......	Badina, 1.436 voix (au total dans 4 cantons).........	1.436 —	
		3.173 —	

ALLIER
Conseil Général

Montluçon-N.	André Debizet.....	2.102 voix	
Bourbon-l'Archambault	A. Gaume.........	1.728 —	Elu
Le Montet....	Gilbert Durand....	1.753 —	—
Cérilly	Chaulier..........	1.367 —	—
Hérisson	Chanudet.........	924 —	—
Dompierre ...	Beaupln..........	1.620 —	Elu
Souvigny.....	Neuville..........	1.212 —	
Cusset			
Marcillat.....	Daumy...........	578 —	
Escurolles....	Barjeaud.........	630 —	

Conseil d'Arrondissement

Montluçon-E.	Lacene...... 1.733		1.761 voix	Elu
	Lépineux ... 1.781			
Montmarault.	Dupéchaux	807 —		
Commentry ..	Simonet..........	924 —		
Lurcy-Lévy...	Gesseret.........	986 —		
		16.392 —		

ARDÈCHE
(Pas de candidat)

ARDENNES
Conseil Général

Charleville...	Cocu Arthur		662 voix
Mézières.....	Totot		1.081 —
Fumay........	Martin Coupaye		515 —

Conseil d'Arrondissement

Monthermé..	Péchenard.........		588 voix
Sedan-Nord..	Deponthieu..	1.131	
	Derulle	1.140	1.136 —
Sedan-Sud ...	Warin	833	
	Gui	822	828 —
Raucourt	Leterme	468	
	Pérignoz....	455	462 —
			5.272 —

ARIÈGE
Conseil Général

Carilhes	Carol..............		592 voix

Conseil d'Arrondissement

Pamiers......	Delquié.......	924	
	Dreuil........	928	926 voix
Lavelanet....	Victorin Authié.....		472 —
			1.990 —

AUBE
Conseil Général

Troyes-1er ...	Croisé..............		1.267 voix au 1er t.
Troyes-2e....	Dordé.............		1.513 —
Troyes-3e.....	Plard.............		1.208 —
Aix-en-Othe..	Muller............		293 —
Ervy.........	Hormet...........		413 —
Estissac......	Marnot		117 —
Les Riceys...	Prunier...........		369 —
Villenauxe ...	Mathé		135 —
Mussy-s-Seine	Boucher......	518	
	Marty	289	404 —
Romilly......	Thiriot...........		1.568 —
Lusigny......	Angonin..........		192 —
Arcis........	Laillié........	333	349 —
	Tabarant.....	364	
			7.828 voix

AUDE

Conseil Général

Quissan..........	Sissan............	117 voix
Carcassonne....	Marciron.........	129 —

Conseil d'Arrondissement

Tuchan.........	Bacon............		50 —
Lagignan........	Ollivier...... 758	⎱	
—	Tesseire..... 754	⎰	756 —
			1.052 —

AVEYRON

Decazeville.....	Marty............	217 voix
Aubin...........	Badina..........	886 —
Rodez..........	Marty et Badina..	140 —
		1.243 —

BOUCHES-DU-RHONE

Conseil Général

Marseille 6e....	Tarnot...........	322 voix
— 8e....	Gaulme..........	319 —
— 9e....	Louis Roux......	696 —
— 10e....	Latière..........	1.582 —
Arles-Ouest.....	Gondrand........	428 —

Conseil d'Arrondissement

Marseille 3e....	Padovani.........	350 —	
— 4e....	Sabiani..........	1.412 —	Élu 2e tr
— 5e....	Mail............	1.262 —	
— 7e....	Vottero..........	2.155 —	
— 11e....	Marie Mayoux....	460 —	
Aubagne........	Lucien Cal......	190 —	
Orgon..........	Pourcel.		
Arles-Est.......	X. Girard.... 861	⎱	
—	Guéyrand... 869	⎰	866 —
Roquevaire.....	Bol............	1.057 —	
		11.108 —	

CALVADOS
(Pas de candidat)

CANTAL
(Pas de candidat)

CHARENTE
Conseil Général

Angoulême 2e...	Antoine..........	2.019 voix	Elu 2e t'
Chalais.........	Couffy-Bussy.....	362 —	
Jarnac	Badina...........	10 —	
		2.391 —	

CHARENTE-INFÉRIEURE
(Pas de candidat)

CHER
Conseil Général

Bourges	Maurice Boin....	2.537 voix	
Sancergues......	E. Lerat.........	757 —	
Chateaumeillant	Virmot...........	353 —	
La Guerche.....	Cl. Roch.........	1.228 —	Elu

Conseil d'Arrondissement

Charost.........	Guillot..........	1.006 —	
Vierzon.........	Wallet...........	3.135 —	Elu
		9.016 —	

CORRÈZE
Conseil Général

Meymac	Vazeilles........	277 voix	
Sornac..........	Bauvit...........	457 —	
Brive	Mathou..........	1.614 —	
Meyssac	Salvat	443 —	
Vigeois	Masdupuy.......	323 —	
Egletons.	André Marty.....	218 —	
Tulle-Nord.....	Verdier.........	894 —	
Bort...........	Marty...........	43 —	

Conseil d'Arrondissement

Bugeat..........	Leblanc.........	810 —	Elu
Neuvic.........	Turc...........	575 —	
Ussel..........	Puech	272 —	
	Maillat........	278 —	
Douzenac	Manière........		
Seilhac........	Brousse........	1.146 —	
Tulle..........	Bouysse........	924 —	
		8.274 —	

CORSE
(Pas de candidat)

COTE-D'OR
Conseil Général

Dijon-Nord.....	Vacher..........	1.196 voix	Elu 2e t'
Dijon-Sud......	Barabant.........	1.959 —	Elu
Gevrey.........	Jacquin	416 —	
Saulieu	Dangauthier......	343 —	
Vernarey.......	Mongeard.	527 —	

Conseil d'Arrondissement

Nuits St-Georges	Noirot...........	1.144 —	Elu
		5.585 —	

COTES DU NORD
(Pas de candidat)

CREUSE

Saint-Sulpice...	Jules Leclerc.....	155 voix	
Bourganeuf.....	Pierre Grand.....	404 —	
Pontarion......	Marty...........	300 —	
		859 —	

DORDOGNE
Conseil d'Arrondissement

Périgueux......	Eyraud..........	2.347 voix	

Conseil Général

Beaumont......	Pralong.........	220 —	
Lalinde	Valins..........	180 —	
Villefranche....	Murat..........	137 —	
		2.893 —	

DOUBS
Conseil Général

Besançon-Nord.	Marchand........	1.303 voix	
Audincourt.....	Midol	1.557 —	
Clerval.........	Bassène	62 —	
		2.922 —	

DROME
Conseil Général

Bourg de Péage.	Cotte...............	620 voix	
St-Paul 3 Châteaux....	Pommier..........	559	—
Nyons	Toesca..........	514	—

Conseil d'Arrondissement

La Grand Serre.	Reynaud.........	873	—
St-Jean..........	Chaloin..........	683	— Elu

Résultats incomplets... 5.000 voix environ

EURE
Conseil d'Arrondissement

Louviers.......	Jore........	717		
	Lambert....	703	710 voix	
Ezy	Desprès........ ..		325	—
			1.035	—

EURE-ET-LOIR
(Pas de candidat)

FINISTERE
Conseil Général

Brest 2e........	Jean Le Treis.....	599 voix	
Concarneau.....	Duot............	197	—
Pont-l'Abbé....	Poulain	421	—
Brest 3o........	Flancher.........	128	—
Elliant.........	Quemeré.........	246	—

Conseil d'Arrondissement

Brest 1er........	Derrien..........	310	—
Brest 3e			
Rosporden.....	Quemeré........	246	—
Landerneau	Le Goff		
Douarnenez....	Badina..........	561	—
		2.708	—

HAUTE-GARONNE
Conseil Général

Toulouse Centre	Marty............	528 voix	
— Ouest.	Badina..........	199	—
		727	—

GARD

Conseil Général

Nîmes 1er..........	Allier	219	voix
— 3e	Gonty..........	83	—
Alais 1er..........	Blazin..........	841	—
Grand'Combe	Lasserre	1.585	—
Saint-Ambroix....	Valette..........	1.453	— Elu
Bessèges..........	Durand	1.316	— Elu
Lasalle..........	Math. Goirand..	577	— Elu
Aigues-Mortes....	Roddes..........	275	—
Pont-Saint-Esprit.			
Saint-Hippolyte ..			
Villeneuve			
Saint-Chappes....	Bèze	90	—

Conseil d'Arrondissement

Nîmes 2e	Bernard........	120	voix
Sommières.......	Bonnaud	109	—
Lédignan	Laporte	425	— Elu
Alais 2e..........	Chapon	999	—
Genolhac.........	Vandourle	1.150	— Elu
Le Vigan	Ripert..........	980	— Elu
Sauve............	Allier (non groupé).		Elu
Quissac			
Aramon..........			
Bagnols	Chazals	150	—
Pont-Saint-Esprit.			
Anduze			
Beaucaire			
Marguerittes	Pascal..........	77	—
Barjac	Paumel.........	245	—
		10.694	voix

GERS

Conseil Général

Vic-Fezensac.....	Broqua Félix...	400	voix

Conseil d'Arrondissement

Miradoux	Lafon P. (Maire)	238	voix Elu
Saint-Clar........	Laucède, Tailleur .. 125	127	—
—	Routan, Propriétaire 128		
Fleurance........	Gachadout . 239	237	—
—	Faubec..... 235		
		1.002	—

GIRONDE

Bordeaux 1er cant.	Domergue, syndiqué	961	voix
— 2e —	Nérac, cheminot rév..	332	—
— 3e —	Déjardins, syndiqué	298	—
— 4e —	Roger Rieu.....	994	—
— 5e —	Hermann, chem.rév.	566	—
— 6e —	Constant, chem.rév.	1.339	—
— 7e —	I. Guilbon......	323	—
Carbon-Blanc	Barsacq.........	933	—
Cadillac..........	Vidal, cultivateur ..		
Libourne.........	Roger Audouin.	313	—
Pessac	Biot	600	—
		6.659	—

HÉRAULT
Conseil Général

Cette.............	Hachacq.........	335	voix
Béziers..........	Lazare...........	544	—
Pezenas........	Pradines	114	—
Montpellier	Reynes..........	316	—
		1.309	—

ILLE-ET-VILAINE
(Pas de candidat)

INDRE
Conseil général

Issoudun........	Legeard..........	448	voix

INDRE-ET-LOIRE
Conseil Général

Vléré...........	Marteau..........		voix
Loches.........	Cheramy.........		—
Tours..........	Marty...........		—
		4.103	—

ISÈRE
Conseil général

Domène........	Raffin-Dugens....	646	voix
Voiron.........	Ravat...........	2.102	— Elu
Grenoble-Sud ..	Dognin..........	839	—
Sassenage......	Cocogne	92	—

Conseil d'Arrondissement

La Mure........	Revol...........	499	—
		4.178	—

JURA

Dôle........... Félix Farnet...... 516 voix

LANDES
Conseil d'Arrondissement
St-Martin-de-Seisans... Joseph Oger..... 1.124 voix Elu

LOIR-ET-CHER
(Pas de candidat)

LOIRE
Conseil Général

St-Etienne N.-E.	F. Faure	3.749 voix	Elu 2·T.
— N.-O.	L. Delhomme.....	967	—
— S.-O.	Malot	1.624	—
St-Chamond....	Le Griel..........	3.305	—
St-Héand.......	V. Descos...	598	—
Perreux........	Champalle	299	—

Conseil d'Arrondissement

St-Etienne N.-O.	Adier	976	—	
— S.-E.	Chovet...........	2.029	—	
Rive-de-Gier ...	Guillot...........	1.893	—	
Le Chambon ...	P. Faure	3.396	—	Elu
Firminy........	Mallard	3.152	—	—
Roanne	Traclet..........	4.640	—	—
St-Rambert,....	Vende	430	—	
		27.058	—	

HAUTE-LOIRE
(Pas de candidat)

LOIRE-INFÉRIEURE

Nantes (2e).....	Legé.............	613	voix
— (3e).....	Bonnin...........	124	—
— (7e).....	Gomichon........	765	—
St-Nazaire	Pichon	529	—
		2.031	—

LOIRET
(Pas de candidat)

LOT
(Pas de candidat)

LOT-ET-GARONNE
Conseil Général

Port-Ste-Marie .	Renaud Jean	587 voix	Élu 2⁰ T.
Lavardac	Philippot.........	735	—
Casteljaloux ...	Gondin..........	650	--
Astaffort	Herrero.........	311	—

Conseil d'Arrondissement

Villeneuve......	Éloi Roger.......	344	—
		2.627	—

LOZÈRE
(Pas de candidat)

MAINE-ET-LOIRE
(Pas de candidat)

MANCHE

Octeville.......	Marty.......	920 ⎫	
—	Badina......	917 ⎭	918 voix

MARNE
Conseil Général

Reims (1ᵉʳ)	Pichon,........ ...	136 voix	
— (4ᵉ)	Grimbert	523	—
Avize	Charpentier......	204	--
Epernay	Moineau..........	683	—

Conseil d'Arrondissement

Reims (2ᵉ)......	Bugeaud	285	--
— (3ᵉ)......	Marchand........	310	--
Anglure	Plust...........	373	--
		2.614	—

HAUTE-MARNE

Chaumont......	Mongeot	425 voix	
Nogent.........	Franconin	385	—
Wassy..........	Got Célestin......	416	..
St-Dizier.......	Vautrot..........	514	—
		1.770	—

MORBIHAN
(Pas de candidat)

MEURTHE-ET-MOSELLE
Conseil Général

Nancy-Nord....	Roblot..........	853 voix

MOSELLE
Conseil Général

Metz (2e)........	Brutschy........	200 voix
Moyeuvre......	Dochlé..........	775 —
Sarralbe........	Liebrich	576 —
Phalsbourg.....	Grefl...........	220 —
Bonzonville ...	Kirsch	569 —
Rohrbach......	Meyer..........	170 —

Conseil d'Arrondissement

Hayange	Peiffert....	1.940	
—	Vincler....	1.946	
—	Perrin	1.916	
—	Rubenthaler ...	1.906	1.926 —
Metz (Campagne)....	Ditner	1.736	
— ...	Hnecht....	1.702	
— ...	Solt.......	1.709	1.716 —

		6.152 —

NIÈVRE
Conseil Général

Nevers........	Claude Fouché...	1.294 voix
Decize	Marly...........	418 —
Fours..........	Marion..........	367 —

Conseil d'Arrondissement

Pougues........	Ricroch..........	915 —	
St-Pierre-le-Moutier...	Fassier..........	598 —	
Château-Chinon	Thepenier.......	580 —	
—	Rivière		—
Châtillon.......	Rhulman.........	1.118 —	Elu
Pouilly........	Chapotet........	420 —	
—	Bailly..........		—
La Charité.....	Venant..........	224 —	

		6.034 —

NORD
Conseil Général

Lille Centre....	De Postel........	290	voix
— Nord.....	Becquart.........	833	—
— Sud.......	Defaux...........	547	—
— Ouest.....	Brodel...........	776	—
Haubourdin....	Géry Roels.......	1.534	—
Quesnoy-s-Deule	Becquart.........	861	—
Roubaix Nord...	Bonte...........	1.374	—
— Ouest..	Dubled..........	1.838	—
Tourcoing Sud..	Bouderé.........	3.301	—
Douai Nord.....	Poignet.........	1.582	—
Marchiennes....	Mercier.........	4.066	—
Orchies........	Strumel.........	419	—
Valenciennes S.	Morel...........	1.760	—
Valenciennes N.	Vanduick........	2.978	—
Condé..........	Proer...........	1.058	—
Denain.........	Moreau..........	1.741	—
St-Amand R.G..	Delvallée........	264	—
Maubeuge Nord.	Daniel..........	1.646	—
Berlaimont.....	Desoblin........	873	—
Trelon.........	Sue.............	726	—
Le Quesnoy N..	Chastelain.......	877	—
Clary..........	Delacourt.......	758	—
Dunkerque O...	Torreborre.......	262	—

Conseil d'arrondissement

Lille Nord-Est..	Wallart..........	733	—
— Sud-Ouest.	Vanderdouck.....	616	—
— Est........	Delecourt.......	1.792	—
— Sud-Est...	Delzenne........	665	—
Seclin.........	Durot...........	861	—
Cysoing........	Desmons........	1.105	—
Armentières....	Brodel..........	669	—
Roubaix Est....	Roussel.........	1.354	—
Tourcoing Nord	Desmettre.......	3.064	—
— N.-E.	Pierpont........	2.240	—
Lannoy........	Marty..........	1.029	—
Douai Ouest....	Riquet.... 1.106		
—	Facompré. 1.149 } 1.128	—
Douai Sud......	Dequin.... 1.860		
—	Soileux.... 1.852 } 1.856	—
—	Desputs..........	852	—

	A reporter..	48.328	—

NORD *(Suite)*

	Report......	48.328	voix
Valenciennes E.	Carlin...........	1.864	—
Bouchain........	Decaillon........	430	—
St-Amand R. D..	Desquennes......	774	—
Cambrai Est....	Buiron...........	976	—
Salesmes.......	Peugniez........	2.297	—
Carnières......	Lepape..........	2.022	—
Maubeuge Est..	Simon..........	1.988	—
Dunkerque Est.	Torreborre.......	397	—
		59.076	—

OISE
Conseil Général

Breteuil........	Marty...........	480	voix
Creil...........	Narbonne........	880	—
Liancourt......	Lambert.........	878	—
		2.238	—

ORNE
Conseil général

Alençon........	Marty...........	235	voix

PAS-DE-CALAIS

Norrent-Fontes.	Paveau..........	1.109	voix
Lens Ouest.....	Desplanques.....	2.138	—
Béthune........	Dubus..........	976	—
Carvin.........	Froissart........	2.017	—
Boulogne Sud..	Tallet..........	547	—
Houdain.......	André Marty.....	2.987	—
Arras Sud......	André Marty.....	909	—
Calais Sud-Est..	Lejeune........	1.046	—
— Nord-Est.	Robin..........	302	—
(manquent des résultats)		11.031	—

PUY-DE-DOME
(Pas de candidat)

BASSES-PYRÉNÉES
Conseil Général

Pau Est........	Badetz..........	102	voix

HAUTES-PYRÉNÉES

Conseil Général

Bagnères-de-Bigorre... Gabarret.........   551 voix

PYRÉNÉES-ORIENTALES

Conseil Général

Perpignan...... André Marty......   2.211 voix Elu
—   ...... Soubielle........   841   —   —

Conseil d'Arrondissement

Prats de Molle.. André Marty......   518   —   —
Risevaltes...... Cabannes ....   1.489   — Elu 2e T.
Prades.......... Prats............   405   —
                                         ————————————
                                       5.464   —

BAS-RHIN

Strasbourg N... Théo Singer......   733 voix
   —   S.... Ernest Haas......   587   —
Bischweiller.... Loffer...........   683   —
Brumath .... Vendling.........   342   —
Buschweiller... Ockermann   260   —
Molsheim....... Hartmann........   410   —
Schilltigheim... Riehl .. 3.011)   Elu
   —   ... Quiré .. 2.961)   2.986   —   Elu
                                         ————————————
                                       6.001   —

HAUT-RHIN (Belfort)

Conseil Général

Belfort... ...... Rucklin... 2.516)   voix
   —   .... Hengy.. 2.674)   — Elu 2e T.
   —   .... Rassinier.. 2.375)   —   —
   —   .... Schmitt. 2.371)   2.674   —
                                         ————————————
                                       2.674   —

HAUT-RHIN (Mulhouse)
Conseil Général

Colmar.........	Veibel............	339	voix
Guebviller......	Kolefrath.........	420	—
Habsheim......	Engler...........	468	—
Huningen	Ichl	393	—
Munster........	Haberthur	237	—
Markirch.......	Altenbach........	157	—

Conseil d'Arrondissement

Mulhouse Nord.	Walliser...	1.153		
—	Burkardt..	1.146	1.149	voix
Mulhouse Sud..	Altenbach.	1.541		
—	Ruebel....	1.526	1.536	—
			4.699	—

RHONE
Conseil Général

Lyon 2e	Delers	860	voix
— 9e	Sellier	1.696	—
— 4e	Champeaux	559	—
— 6e	Huguet.........	368	—
— 7e	Capelle........	530	—
— 8e	Merlin	940	—
Villeurbanne	Dumas.........	3.597	—
Vangueray	Razy..........	121	—
Saint-Genis.......	Besse..........	1.665	—

Conseil d'Arrondissement

Lyon 3e	Beal...........	713	
— 1er.........	Guilleron	83	—
— 11e.........	Janin..........	1.372	— Elu 2e T.
— 5e	Talloud	1.530	—
— 10e	Berthaud.......	1.341	—
— 12e	Suchon	582	—
L'Arbresle	Dorieux........	793	—
		16.750	—

SAONE-ET-LOIRE
Conseil Général

Autun............	Carret.........	1.209	voix
Montcenis........	Duray..........	1.121	—
Palinges.........	Fricaud........	397	—

Conseil d'Arrondissement

Montceau-les-Mines.....	Breland........	813	—
Digoin...........	Lacroix........	582	—
		4.122	—

SARTHE
(Pas de candidat)

SAVOIE
Conseil Général

Pont-de-Beauvoisin.....	Cruvieux.......	764 voix	Elu

Conseil d'Arrondissement

Aiguebelle........	Tétaz...... 616			
—.....	Cordel..... 595	606	—	
La Rochette......	Neyret.........	1.074	—	Elu
		2.444	—	

HAUTE-SAVOIE
(Pas de candidat)

SEINE-ET-MARNE
Conseil Général

Claye-Souilly...	Laguesse........	991	voix
Melun-Sud......	Mattéo........	532	—
Brie-C\<sup\>te\</sup\>-Robert.	Laguesse.......	81	—
Crécy-en-Brie..	Thiercelin......	311	—
Mormant.......	Chenu..........	795	—

Conseil d'Arrondissement

Lagny..........	Bernier........		
—	Moreau........	1.400	—
Tournan.......	Perdreau.......	435	—
Rozoy.........	Schosman......		
—	Couteau........	365	—
Provins........	Tanguy........		
—	Roget.........	400	—
Montereau.....	Marly.........		
—	Badina........	625	—
		5.968	—

SEINE-ET-OISE
Conseil Général

Arpajon........	Bertin...........	771 voix
Longjumeau....	Artoni.	2.533 —
Sèvres	Cahen...........	2.930 —
Isle-Adam......	Paquercaux......	1.012 —
Aulnay-ss.-Bois.	Palocq.........	790
Gonesse........	Ledoux........	236 —
Limours	Tirand..	352 —
Versailles-Sud..	Castet..........	677 —
Versailles.....	Bizet...........	876 —
Chevreuse......	Brout..........	386 —
Poissy........	Julienne	450 —
Saint-Germain..	Ribet	2.311 —
Le Raincy......	Ragon	1.704 —

Conseil d'Arrondissement

Versailles-Nord.	Moran..........	475
Montmorency..	Mammaux.......	1.039 —
Ecouen	Michelet........	510 —
Corbeil.........	Gaulodin... 2.157 ⎫	
—	Huttler..... 2.234 ⎭ 2.196 —	
Palaiseau.......	Huguenot	894 —
Luzarches......	Beldon..........	508 —
Argenteuil......	Froment........	3.304 —
Villen.-St-Georg.	Dumas..........	—
—	Cornu..........	1.736 —
Marly-le-Roi....	Billaud.........	786 —
Aulnay........	Koeller..	764 —
Etampes........	....	508 —
		27.868 —

SEINE-INFÉRIEURE
Conseil Général

Rouen 4e........	Delahaye........	264 voix
— 5e........	Alley...........	604 —
— 6e........	Duval..........	677 —
Darnetal	Mellier.........	684 —
Sotteville	Courage........	2.050 —
Maromme......	Marchand	1.784 —
	à reporter..	6.063 —

SEINE-INFÉRIEURE *(Suite)*

Report		6.063 voix	
Boos	Mallet	311	·
Le Havre 4e	Koger Rolland ...	1.830	—
Fécamp	Daubeuf	470	—
Montivilliers....			

Conseil d'Arrondissement

Rouen 3e	Benoit	138	—	
Clérès	Toutain	271	—	
Elbeuf	Beaurin	810	—	
Grand Couronné	Chevallier	2.138	—	Élu
Bolbec	Bigot	407	—	
Le Tréport	Patry			
Gournay	L. Bihan	200	—	
Blanzy	Serel	153	—	
		12.791	—	

DEUX-SÈVRES
(Pas de candidat)

SOMME
(Pas de candidat)

TARN

Conseil Général

Castres	Teste	721 voix	

Conseil d'Arrondissement

Blaye	Robert (Jules)	712	—
Cordes	Fabre	516	—
		1.949	—

TARN-ET-GARONNE

Conseil Général

Valence-d'Agen.	Courdy	413 voix	
Saint-Antonin ..	Mercadier	414	—
		827	—

VAR

Conseil Général

Toulon (2°).....	Marty...........	549	voix	
La Seyne (A)...	Badina..........	625	—	
Vudauban......	Gayol..........	175	—	
Hyères........	Alquier	1.882	—	Elu
Salermes.......	Espitalier.......	173	—	
Le Luc.........	Barbaroux (n.groupé)	738	—	Elu
Brignoles	Gaon...........	457	—	
		4.599	—	

VAUCLUSE

Conseil Général

Avignon-Sud....	Midol..........	511	voix
Valréas........	Grignan	387	—
Orange-Ouest...	Laplace........	369	—
Carpentras-Sud,	Raymond	217	—
Cavaillon	Bertrand	880	—
Sault..........	Pic	155	—
Bollène	Dr Hugon	1.143	Elu 2ᵉ T.
Bedarrives.....	Reynaud........	572	—

Conseil d'Arrondissement

Malancène......	Bernard........	347	—
Orange-Est.....	Ferrand........	603	—
Beaumes.......	Carloux........	309	—
Carpentras-N...	Rolland-Villet....	420	—
Mormoiron.....	Gobelin..... 527)		
—	Marcelin.... 497)	512	—
Avignon-Nord..	Rolland et Villet..	767	—
Bonnieux......	Martin. C.-S......	316	—
L'Isle-sr-Sorgue.	Fay et Maignan.	495	—
		8.036	—

VENDÉE

Conseil Général

Maillezais......	Chabot (Louis)..	158	voix
St-Hilaire	Métay (Louis)....	194	—
Chaillé........	Petit (Léandre)..	43	—
La Roche-sur-Yon.....	Bernard (Louis).	190	—
		585	—

VIENNE

Conseil Général

Chatelleraut....	Giraudeau.......	530 voix	
Mirebeau.......	Pantaléon.......	517 —	
		1.047 —	

VIENNE (Hte-)

Conseil Général

Ambazac.......	Texier..........	1.195 voix	Elu
Limoges-Sud ...	Fleurat..........	271 —	
St-Léonard	Badina..........	197 —	
Limoges-Nord..	Dudilhieux......	799 —	
Eymoutiers.....	Fraisseix.......	1.309 —	Elu
St-Léonard.....	Lasvergnas......	1.966 —	

Conseil d'Arrondissement

Limoges-Est....	Vinour..........	681 —	
— Ouest.	Body	529 —	
St-Sulpice-Laurière ...	Dutheil..........	592 —	Elu
		7.839 —	

VOSGES

Conseil Général

Le Thillot......	Lorraine........	1.055 voix	
St-Dié.........	André Marty....	698 —	
		1.753 —	

YONNE

Conseil Général

Joigny	Dr Fourcy.......	867 voix	Elu 2e T.
Tonnerre.......	André Marty....	200 —	
Sergines........	Badina..........	180 —	
St-Fargeau.....	Frossard........	512 —	

Conseil d'Arrondissement

Vermenton.....	Garnier.........	1.050 —	Elu
		2.809 —	

Résultats des Elections Cantonales par Département

Département	VOIX	Département	VOIX
Ain	2.444	*Report*	156.590
Aisne	2.985	Lot	
Alpes (Basses)	2.571	Lot-et-Garonne	2.62
Alpes-Maritimes	3.173	Lozère	
Allier	16.392	Maine-et-Loire	
Ardèche		Manche	918
Ardennes	5.272	Marne	2.614
Ariège	1.990	Marne (Haute)	1.770
Aube	7.828	Meurthe-et-Moselle	853
Aude	1.052	Moselle	6.152
Aveyron	1.213	Morbihan	
Bouches-du-Rhône	11.108	Nièvre	6.031
Calvados		Nord	59.076
Cantal		Oise	2.238
Charente	2.391	Orne	235
Charente-Infér.ᵉ		Pas-de-Calais	11.031
Cher	9.016	Puy-de-Dôme	
Corse		Pyrénées (Basses)	102
Côte-d'Or	5 585	Pyrénées (Hautes)	554
Creuse	859	Pyrénées-Orient.	5.464
Corrèze	8.274	Rhin (Bas)	6.001
Dordogne	2.893	Rhin (Haut)	4.699
Doubs	2.922	— (Belfort)	2.674
Drôme	5.000	Rhône	16.750
Eure	1.035	Saône-et-Loire	4.122
Eure-et-Loir		Sarthe	
Finistère	2.708	Savoie	2.442
Gard	10.694	Savoie (Haute)	
Garonne (Haute)	727	Seine-Inférieure	12.791
Gers	1.002	Seine-et-Marne	5.968
Gironde	6.659	Seine-et-Oise	27.868
Hérault	1.309	Sèvres (Deux)	
Ille-et-Vilaine		Somme	
Indre	448	Tarn	1.949
Indre-et-Loire	4.103	Tarn-et-Garonne	827
Isère	4.178	Var	4 599
Jura	516	Vaucluse	8.036
Landes	1.124	Vendée	585
Loir-et-Cher		Vienne	1.047
Loire	27 058	Vienne (Haute)	7.839
Loire (Haute)		Vosges	1.753
Loire-Inférieure	2.031	Yonne	2.809
Loiret			
à reporter	156.590	TOTAL GÉNÉRAL	369.047

ÉLUS DU PARTI
aux scrutins des 14 et 21 mai 1922

Conseil général

Allier. — André Debizet, Alexis Gaume, Gilbert Durand, Chaulier, Beaupin.
Alpes (Basses). — Frédéric Aillaud, Dr Gardiol.
Aube. — Louis Croisé.
Charente. — Antoine.
Cher. — Claude Roch.
Côte-d'Or. — Barabant, Vacher.
Gard. — Valette, Germain Durand, Mathieu Goirand.
Isère. — Ravat.
Loire. — Ferdinand Faure.
Lot-et-Garonne. — Renaud Jean.
Nord. — Mercier.
Pyrénées-Orientales. — André Marty, Soubielle.
Rhin (Haut) (Belfort). — Edouard Hengy, Rassimier.
Savoie. — Cruvieux.
Seine-Inférieure. — Roger Rolland.
Vaucluse. — Dr Hugon.
Var. — Alquier.
Vienne (Haute). — Dr Fraiseix, Texier.
Yonne. — Dr Fourcy.

Conseil d'arrondissement

Allier. — André Lépineux.
Alpes (Basses) — André Turrel.
Bouches-du-Rhône. — Sabiani.
Cher. — Wallet.
Corrèze. — Leblanc.
Côte-d'Or. — Noirot.
Drôme. — Chalom.
Gard. — Laporte, Vendourie, Ripert, Allier.
Gers. — Pierre Lafont.
Loire. — Pétrus Faure, Mallard, Troclet.
Nièvre. — Rhulmaon.
Pyrénées-Orientales. — André Marty, Cabannes.
Rhin (Bas). — Rulh, Quiri.
Rhône. — Janin, Talloud.
Savoie. — Neyret.
Seine-Inférieure. — Chevallier.
Vienne (Haute). — Dutheil.

ANNEXE II.

Elus du Parti

I. Chambre des Députés

Alex. Blanc, Aussoleil, Ch. Baron, Berthon, Cachin, Dormoy, Ernest Lafont, Lévy, Maurel, Morucci, Nadi, Nicod, Philbois, Renaud Jean, Vaillant-Couturier.
Pierre Dormoy, secrétaire.

II. Hôtel-de-Ville de Paris

André Marty, Besombes, Garchery, Joly, Jean Morin, Jean Colly, C. Renault, Louis Sellier, Philippe, Marsais, Couergou, Bachelet, Henri Sellier.

III. Conseils Généraux

Allier. — Ernest Montusès, Joseph Gaume, Alexis Gaume, Debizet, Beaupin, Durand, Chaulier.
Basses-Alpes. — Gardiol, Alliaud.
Aube. — Croisé.
Côte-d'Or. — Barabant, Vacher.
Charente. — Antoine.
Cher. — Roch.
Dordogne. — Bouthonnier.
Drôme. — Nadi.
Gard. — Bechard, Valette, Germain Durand, Mathieu Goirand, Quegranne.
Hérault. — Bertrand.
Isère. — Ravat, Ricard.
Loire. — Ernest Lafont, Ferdinand Faure, Terrasson.
Lot-et-Garonne. — Renaud Jean.
Nord. — Hentgès, Sarot, Mercier, Waxin, Verdavaine.
Oise. — Thevet.
Oran. — André Julien.
Pyrénées-Orientales. — André Marty, Soubielle.
Bas-Rhin. — Hey ch.
Haut-Rhin. — Hengy, Rassinier.
Savoie. — Cruvieux.
Seine-Inférieure. — Rolland, Bazin.
Haute-Vienne. — Fraisseix, Texier, Chatenet.
Vaucluse. — Hugon.
Yonne. — Fourey.

ANNEXE III

Etat de la Presse du Parti

I. — Presse quotidienne

L'Humanité........... Paris, 142, rue Montmartre.
L'Internationale .... .   —   —
La Dépêche de l'Aube. Troyes, rue Général-Saussure.
La Volkstribune ..... Metz.
La Neue Welt......... Strasbourg.

II. — Presse bi-hebdomadaire

Germinal .... Belfort.
Le Travailleur........ Sens.

III. — Presse hebdomadaire

 1 *La Voix Paysanne*............. 142, rue Montmartre, Paris.
 2 *Le Bulletin Communiste*.......   —   —
 3 *La Lutte Sociale*.............. Alger.
 4 *L'Eclaire de l'Ain*............ Oyonnax.
 5 *Le Travail*.................... Montluçon.
 6 *Le Travailleur des Alpes*...... Digne.
 7 *Le Populaire Normand*........ Caen.
 8 *Le Travailleur Charentais*..... Ruelle.
 9 *L'Emancipateur* .... Bourges.
10 *Le Prolétaire*................. Périgueux.
11 *Le Travailleur*................ Chartres.
12 *Germinal*..................... Brest.
13 *Le Réveil*.................... Tours.
14 *Le Réveil du Peuple*.......... Saint-Etienne.
15 *L'Anjou Communiste*......... Saumur.
16 *L'Egalité*.................... Chaumont.
17 *Le Socialiste Nivernais*........ Nevers.
18 *Le Prolétaire*................. Lille.
19 *Le Réveil Social* .... Maubeuge
20 *Le Réveil Ouvrier*............. Calais.

21 *Le Travailleur Savoyard*...... Annecy.
22 *Le Communiste de Normandie*. Rouen.
23 *L'Avenir Social*............. Tunis.
24 *L'Avenir*................. Carpentras.
25 *Le Prolétaire*.............. Châtellerault.
26 *L'Emancipation*............ Saint-Denis.
27 *L'Eveil*................. Vanves.
28 *L'Aurore*................ Paris (18e)
29 *Travail* .... Lyon.
30 *L'Ouvrière* .... Paris, 142, rue Montmartre.

IV. — Presse bi-mensuelle et mensuelle

1 *La Vie Communiste*....... ... Fougères.
2 *Le Travailleur*.............. Grenoble.
3 *La Banlieue Rouge*..........
4 *Germinal*................. Ivry.
5 *La Lutte de Classes*.......... Paris.
6 *Le Prolétaire*................ La Roche-sur-Yon.

V. — Editions de « La Voix Paysanne »

1 *L'Aube Sociale*.............. (Seine-et-Oise).
2 *Le Franc Parleur*........... (Oise).
3 *Le Semeur* .... (Seine-et-Marne).
4 *Le Travailleur*............. (Lot-et-Garonne).
5 *Travail*................. (Gironde).
6 *L'Ordre Communiste*. ...... (Haute-Garonne.
7 *L'Etincelle* .... (Vosges).
8 *Le Travailleur*........ .... (Nord-Est).

Annexes IV. - Situation des Fédérations au 31 Juillet 1922

FÉDÉRATIONS	Cartes prises au 1er Octobre 1921	Cartes prises au 31 Juillet 1922	TIMBRES
Ain	707	570	6.600
Aisne	634	670	4.240
Alger	380	450	3.150
Allier	1.950	1.700	10.000
Alpes (Basses)	300	200	1.200
Alpes (Hautes)	67	50	300
Alpes-Maritimes	550	365	2.000
Ardèche	630	350	2.800
Ardennes	683	550	3.000
Ariége	500	100	2.500
Aube	2 250	1.500	12.500
Aude	450	350	1.700
Aveyron	331	100	200
Bouches-du-Rhône	1.400	1.100	12.400
Calvados	334	200	666
Cantal	200	150	800
Charente	1.010	1.000	5.000
Charente Inférieure	600	550	5.500
Cher	1.200	900	6.000
Constantine	267	300	2.800
Corrèze	2.000	1.600	7.000
Corse	145	100	300
Côte-d'Or	900	500	5.600
Côtes-du-Nord	260	150	1.400
Creuse	667	600	3.500
Dordogne	1.499	900	5.500
Doubs	1.025	575	3.500
Drôme	1.500	700	6.200
Eure	412	400	2.000
Eure-et-Loir	500	400	2.500
Finistère	778	360	1.800
Garonne (Haute)	500	300	500
Gard	1.600	1.120	12.100
Gers	265	330	3.950
Gironde	1.300	1.025	5.400
Hérault	730	500	4.000
Ille-et-Vilaine	456	400	2.000
Indre	550	400	2.000
Indre-et-Loire	1.250	1.000	5.000
Isère	1.270	900	5.000
Jura	250	200	1.950
Landes	400	300	1.800
Loir-et-Cher	420	300	3.600
Loire	1.500	1.600	10.000
Loire (Haute)	105	60	400
Loire-Inférieure	600	500	3.400
Loiret	472	350	3.500
A reporter	35.800	27.025	186.856

FÉDÉRATIONS	Cartes prises au 1er Octobre 1921	Cartes prises au 31 Juillet 1922	TIMBRES
Report.........	35.800	27.023	186.836
Lot...............	200	160	1.160
Lot-et-Garonne.....	1.017	1.200	6.000
Lozère	110	100	1.200
Maine-et-Loire......	480	313	1 997
Manche............	183	125	600
Marne	640	500	3.000
Marne (Haute)......	350	240	
Mayenne	60	50	400
Martinique	110		
Meurthe-et-Moselle .	684	530	2.300
Meuse.............	167		
Morbihan..........	200	125	680
Moselle...........	3.334	1 500	11.000
Nièvre........... .	1.500	910	4.550
Nord	11.252	8.000	50.000
Oise..............	1.334	775	3.700
Oran	100	170	1.000
Orne..............	274	160	800
Pas-de-Calais	6.000	3.500	20.000
Puy-de-Dôme......	620	500	3.000
Pyrénées (Basses)..	300	300	800
Pyrénées (Hautes)..	228	150	700
Pyrénées-Orientales.	600	500	2.800
Rhin (Bas)	2.922	3.000	18.000
Rhin (Ht) Belfort...	500	350	2.050
Rhin (Ht) Mulhouse.	1.667	1.200	6.000
Rhône.............	3.300	2.500	10.000
Saône-et-Loire	1.445	1 000	7.000
Sarthe............	445	300	1.400
Savoie............	500	160	1.100
Savoie (Haute)......	545	430	2.000
Seine.............	15.167	10.000	62.500
Seine-Inférieure .. .	2.000	1.153	7.500
Seine-et-Oise..... .	5.700	4 000	28.800
Seine-et-Marne	1.334	1.450	6.400
Deux-Sèvres.......	250	200	1.050
Somme.......... ...	640	500	2.350
Tarn..............	600	500	4.000
Tarn-et-Garonne ...	312	150	1.200
Toknin............		10	120
Tunisie....... ...	200	300	2.600
Var..............	834	1.100	4.600
Vaucluse...	2.300	1.000	8.000
Vendée...........	330	200	1.208
Vienne............	612	400	3.100
Vienne (Haute)......	1.000	700	3.000
Vosges	550	400	1.600
Yonne.............	600	600	4.000
Fédération étrangère	100	122	392
— italienne.		240	1.200
TOTAUX........	109.391	78.828	493.713

LA COOTYPOGRAPHIE
(SOCIÉTÉ OUVRIÈRE D'IMPRIMERIE)
11, R. DE METZ, COURBEVOIE

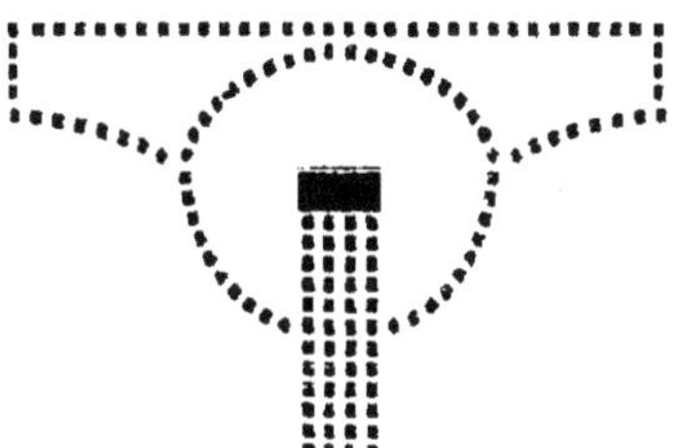

www.ingramcontent.com/pod-product-compliance
Ingram Content Group UK Ltd.
Pitfield, Milton Keynes, MK11 3LW, UK
UKHW020011100726
13658UKWH00002B/904

9 782329 040400